# Cuisine minceur

hachette
PRATIQUE

# Sommaire

**POUR 4 PERSONNES**
**PRÉPARATION : 10 MIN**
**CUISSON : 20 MIN**
**DIFFICULTÉ : TRÈS FACILE**
**COÛT : BON MARCHÉ**

# Soupe aux courgettes

- *600 g de courgettes*
- *1 feuille de laurier*
- *2 échalotes*
- *1 gousse d'ail*
- *1 cuil. à café de curry*
- *2 cuil. à soupe de lait en poudre écrémé*
- *2 cuil. à soupe de basilic haché*
- *Sel*

■ Versez 50 cl d'eau dans une casserole. Salez l'eau, ajoutez le laurier puis portez à ébullition.

■ Ôtez les extrémités des courgettes. Fendez les courgettes en deux et recoupez-les en tronçons. Pelez les échalotes et l'ail, puis coupez-les en morceaux.

■ Jetez tous les légumes dans l'eau bouillante, ajoutez le curry et le lait en poudre. Mélangez. Couvrez et faites cuire 15 min, jusqu'à ce que les courgettes deviennent tendres.

■ Ôtez le laurier. Mixez. Faites réchauffer quelques minutes. Goûtez et rectifiez l'assaisonnement.

■ Versez dans une soupière, parsemez de basilic et servez.

**CONSEIL**

Les soupes de légumes sont très bénéfiques sur le plan nutritionnel : elles apportent des fibres, des vitamines, de l'eau, sont très digestes et calent l'estomac. Dans l'idéal, il faudrait en consommer une tous les soirs.

POUR 4 PERSONNES
PRÉPARATION : 10 MIN
CUISSON : 35 MIN
DIFFICULTÉ : TRÈS FACILE
COÛT : BON MARCHÉ

# Soupe au potiron

- *1 tranche de potiron d'environ 1 kg*
- *1 tranche de céleri-rave de 200 g*
- *1 gros oignon*
- *2 gousses d'ail*
- *1 bonne poignée de lentilles orange*
- *1 cuil. à café de gros sel*

Retirez les graines, les filaments et la peau du potiron avant de couper la pulpe en cubes.

Pelez le céleri-rave et coupez-le en morceaux. Épluchez l'oignon et coupez-le en quatre.

Pelez les gousses d'ail et retirez le germe qui se trouve au centre.

Faites bouillir 70 cl d'eau puis jetez-y le potiron, le céleri, l'oignon et l'ail. Salez au gros sel et faites reprendre l'ébullition.

Quand l'eau bout de nouveau, ajoutez les lentilles, couvrez et laissez cuire pendant 30 min.

Lorsque les légumes sont tendres, mixez la soupe, puis servez-la bien chaude.

**CONSEIL**

Le potiron est un légume riche en provitamine A (bêtacarotène) et en fibres douces, bien tolérées.

POUR 4 PERSONNES
TREMPAGE : 12 H
PRÉPARATION : 15 MIN
CUISSON : 1 H 45
DIFFICULTÉ : TRÈS FACILE
COÛT : BON MARCHÉ

# Soupe de haricots à l'huile

- *200 g de haricots blancs secs*
- *3 carottes*
- *3 tomates*
- *2 oignons*
- *2 gousses d'ail*
- *3 branches de céleri*
- *3 branches de persil*
- *3 cuil. à soupe d'huile d'olive*
- *Sel, poivre (facultatif)*

■ Faites tremper les haricots pendant 12 h dans une grande jatte d'eau froide.

■ Le lendemain, égouttez les haricots et rincez-les sous l'eau froide. Grattez les carottes, lavez-les, puis coupez-les en petits dés. Pelez les tomates et hachez-les grossièrement au couteau. Épluchez les oignons et l'ail, puis hachez-les finement.

■ Rincez le céleri et le persil. Coupez les côtes de céleri en lamelles fines. Liez les feuilles de céleri avec les queues du persil.

■ Faites chauffer l'huile dans un faitout. Faites blondir les oignons pendant 5 min, ajoutez les haricots, l'ail et le bouquet d'herbes. Versez de l'eau largement à hauteur des haricots, portez à ébullition, couvrez puis laissez frémir doucement pendant 1 h.

■ Ajoutez alors les carottes, les tomates et les lamelles de céleri. Ajoutez de l'eau bouillante si cela est nécessaire. Salez, poivrez éventuellement et laissez cuire encore 40 min. Retirez le bouquet d'herbes, parsemez avec les feuilles du persil haché.

**POUR 4 PERSONNES**
**PRÉPARATION : 25 MIN**
**CUISSON : 45 MIN**
**DIFFICULTÉ : FACILE**
**COÛT : BON MARCHÉ**

# Soupe du potager

- *4 poireaux*
- *200 g de céleri-rave*
- *300 g de carottes*
- *2 navets*
- *2 côtes de céleri*
- *2 tomates*
- *1 piment doux frais rouge ou jaune*
- *200 g de haricots frais en grains ou 125 g de haricots blancs surgelés*
- *4 branches de persil plat*
- *1 branche de thym*
- *1 feuille de laurier*
- *1 pincée de piment en poudre*
- *1 cuil. à soupe d'huile d'olive*
- *Gros sel*

■ Ôtez les racines, la première feuille et la partie dure du vert des poireaux, lavez-les et coupez-les en tronçons de 2 cm. Gardez la partie verte à part. Pelez le céleri-rave, les carottes et les navets, coupez-les en dés. Effilez les côtes de céleri et coupez-les en lamelles. Pelez et hachez les tomates. Rincez le piment, ôtez le pédoncule et les graines, hachez-le très finement. Écossez les haricots éventuellement. Rincez le persil, séparez les feuilles des grosses tiges.

■ Liez en bouquet le vert des poireaux, les tiges du persil, le thym et le laurier avec du fil de cuisine. Faites bouillir 1 litre d'eau dans une casserole, salez-la, ajoutez le bouquet d'herbes et tous les légumes. Laissez reprendre l'ébullition, couvrez et laissez cuire pendant 40 min à feu doux.

■ À mi-cuisson, salez la soupe avec 1 cuil. à café de gros sel et ajoutez la pincée de piment. Hachez les feuilles de persil.

■ Lorsque la soupe est cuite, retirez le bouquet d'herbes, ajoutez l'huile d'olive en filet et parsemez de persil. Servez très chaud.

POUR 4 PERSONNES
PRÉPARATION : 15 MIN
CUISSON : 40 MIN
DIFFICULTÉ : TRÈS FACILE
COÛT : BON MARCHÉ

# Crème de légumes d'hiver

- *4 carottes*
- *700 g de potiron*
- *1 tranche de céleri-rave*
- *1 gros oignon*
- *3 gousses d'ail*
- *1 feuille de laurier*
- *1 tablette de bouillon de poule dégraissé*
- *10 cl de lait écrémé*
- *30 g de parmesan non râpé*
- *Sel, poivre*

Grattez les carottes, coupez-les en tronçons. Retirez les graines, les filaments et la peau du potiron, coupez-le en gros cubes. Pelez la tranche de céleri et coupez-la en morceaux. Épluchez l'oignon et coupez-le en quatre. Pelez l'ail, coupez les gousses en deux et ôtez le germe.

Faites bouillir 50 cl d'eau, ajoutez les carottes et le céleri, couvrez et laissez cuire 10 min. Ajoutez alors le potiron, l'oignon, l'ail et le laurier. Émiettez la tablette de bouillon par-dessus. Salez. Laissez reprendre l'ébullition, couvrez, puis laissez frémir pendant 25 min.

Lorsque les légumes sont cuits, retirez le laurier, puis mixez la soupe. Ajoutez le lait. Vérifiez l'assaisonnement. Poivrez. Versez dans une soupière chaude. Taillez le parmesan en copeaux à l'aide d'un couteau économe et parsemez-en la soupe. Servez immédiatement.

**CONSEIL**

N'hésitez pas à mélanger plusieurs sortes de légumes dans une soupe. Celles-ci restent « minceur » si vous ne les surchargez pas en beurre ou en crème !

**POUR 4 PERSONNES**
**PRÉPARATION : 15 MIN**
**CUISSON : 1 H 15**
**DIFFICULTÉ : ASSEZ FACILE**
**COÛT : BON MARCHÉ**

# Soupe de giraumon

- *1 giraumon turban d'environ 1,5 kg*
- *2 tablettes de bouillon de volaille*
- *20 cl de lait écrémé*
- *1 cuil. à soupe de fromage frais aux herbes*
- *1 cuil. à soupe de curry*
- *1 cuil. à soupe de chutney à la mangue*
- *Cannelle en poudre*
- *3 branches de coriandre*
- *Sel, poivre*

■ Faites chauffer le four à 180 °C (th. 6). Lavez le giraumon sous l'eau froide et coupez le turban à environ 2 cm. Mettez ce chapeau de côté. Retirez les graines et les filaments et salez légèrement l'intérieur. Posez le giraumon sur une plaque, couvrez-le de son chapeau et enfournez pour 30 min.

■ À l'issue de cette cuisson, retirez le chapeau, couvrez le giraumon d'aluminium ménager et laissez cuire 45 min ou jusqu'à ce que la pulpe soit tendre.

■ Évidez délicatement le giraumon avec une cuillère, en raclant doucement lorsque vous arrivez à la peau pour éviter de la percer. Évidez également le chapeau.

■ Faites bouillir 15 cl d'eau. Ajoutez le bouillon. Faites chauffer le lait. Écrasez la pulpe du giraumon avec une cuillère en ajoutant le lait, le bouillon et le fromage.

■ Ajoutez le curry et le chutney à la mangue. Mixez. Versez un nuage de cannelle. Vérifiez l'assaisonnement. Hachez les feuilles de coriandre. Versez la soupe chaude dans l'écorce du giraumon, parsemez de coriandre, posez le chapeau et servez.

**POUR 4 PERSONNES**
**PRÉPARATION : 20 MIN**
**CUISSON : 50 MIN**
**DIFFICULTÉ : FACILE**
**COÛT : BON MARCHÉ**

# Velouté aux œufs pochés

- *200 g de navets*
- *200 g de carottes*
- *300 g de céleri-rave*
- *4 œufs*
- *2 cuil. à soupe de crème épaisse à 15 %*
- *Sel, poivre*

■ Pelez les navets et coupez-les en quatre. Grattez les carottes et taillez-les en croix, de haut en bas. Ôtez la peau du céleri et coupez-le en tranches.

■ Faites bouillir 1 l d'eau dans une casserole, jetez-y les légumes, couvrez et laissez cuire pendant 30 min.

■ Mixez la soupe. Cassez 1 œuf dans une tasse, faites-le tomber dans la soupe, ramenez le blanc sur le jaune à l'aide d'une écumoire. Procédez de la même façon pour les 3 autres oeufs. Laissez cuire pendant 3 min, sans bouillir.

■ Déposez 1 œuf dans chaque assiette. Ajoutez la crème à la soupe, salez et poivrez, versez délicatement sur les œufs et servez.

**CONSEIL**

Choisissez des œufs très frais et ne salez la soupe qu'après leur cuisson.
Avec une salade et un dessert, vous aurez un dîner complet.

**POUR 4 PERSONNES**
**PRÉPARATION ET CUISSON : 30 MIN**
**DIFFICULTÉ : FACILE**
**COÛT : CHER**

# Salade fraîcheur exotique

- *2 poivrons rouges*
- *1 petit ananas frais de 750 g*
- *250 g de champignons de Paris*
- *1 cuil. à soupe de jus de citron*
- *1/2 boîte de cœurs de palmier*
- *1 petit oignon rouge*
- *1 citron vert*
- *2 cuil. à soupe de yaourt maigre*
- *1 cuil. à soupe de sauce soja*
- *Quelques gouttes de Tabasco*
- *1 cuil. à soupe d'huile de pépins de raisin*
- *Sel, poivre*

■ Tapissez la tôle du four d'aluminium. Posez les poivrons dessus, glissez-les à une dizaine de centimètres de la rampe du gril et laissez-les cuire environ 20 min, jusqu'à ce que leur peau soit noire, en les tournant régulièrement.

■ Pendant ce temps, coupez le plumet et la base de l'ananas. Retirez l'écorce, ôtez soigneusement les petits yeux noirs, coupez la pulpe en quatre, retirez la partie centrale dure et fibreuse, recoupez la pulpe en dés et mettez les dés dans une passoire.

■ Ôtez la partie sableuse du pied des champignons, lavez-les rapidement, épongez-les et coupez-les en lamelles. Salez-les, poivrez-les et arrosez-les avec le jus de citron, puis mélangez.

■ Égouttez les cœurs de palmier et rincez-les sous l'eau courante. Coupez-les en tronçons de 2 cm.

■ Pelez l'oignon, coupez-le en fines rondelles et séparez les anneaux.

■ Lavez le citron vert, puis essuyez-le. Râpez le zeste, coupez le fruit en deux et pressez-le. Mélangez 3 cuillerées à soupe de jus avec l'huile, le yaourt, la sauce soja et quelques gouttes de Tabasco.

■ Pelez les poivrons, retirez le pédoncule et les graines, coupez la pulpe en lanières, puis en losanges.

■ Mettez tous les légumes et l'ananas dans un saladier. Arrosez avec la sauce, mélangez délicatement et servez.

**CONSEIL**

Cette entrée rafraîchissante et diététique est recommandée pour les régimes anti-cholestérol.

**POUR 4 PERSONNES**
**PRÉPARATION : 15 MIN**
**CUISSON : 30 MIN**
**DIFFICULTÉ : FACILE**
**COÛT : RAISONNABLE**

# Artichauts à l'orange

- *8 fonds d'artichauts surgelés*
- *3 oranges non traitées*
- *2 gousses d'ail*
- *4 cuil. à soupe de jus de citron*
- *1 cuil. à soupe d'huile d'olive*
- *1/2 cuil. à café de sucre en poudre*
- *1 pincée de safran en poudre*
- *1 feuille de laurier*
- *Sel, poivre*

■ Pelez les gousses d'ail et coupez-les en deux. Mettez l'huile à chauffer dans une sauteuse antiadhésive et faites-y revenir l'ail 2 min en remuant.

■ Ajoutez le jus de citron, 50 cl d'eau, le laurier, le safran et le sucre. Salez et poivrez. Portez à ébullition, puis ajoutez les fonds d'artichauts gelés et laissez cuire 15 min à petits frémissements, sans couvrir.

■ Pelez 2 oranges, ôtez-en les peaux blanches et séparez-les en quartiers. Lavez la dernière orange, essuyez-la et coupez-la en tranches fines, sans la peler. Lorsque les artichauts ont cuit 15 min, ajoutez les quartiers et les rondelles d'orange. Faites encore cuire 10 min, toujours à petits frémissements.

■ Retirez ensuite le laurier de la sauteuse et égouttez les fonds d'artichauts avec une écumoire. Coupez-les en quartiers et disposez-les dans un plat creux.

■ Nappez les artichauts avec la sauce aux oranges. Laissez refroidir, puis conservez au moins 1 h au réfrigérateur. Servez ce plat très frais.

**POUR 4 PERSONNES**
**PRÉPARATION : 10 MIN**
**CUISSON : 25 MIN**
**RÉFRIGÉRATION : 2 H**
**DIFFICULTÉ : FACILE**
**COÛT : BON MARCHÉ**

# Caviar d'aubergines

- *600 g d'aubergines*
- *2 échalotes*
- *1 gousse d'ail*
- *1 cuil. à soupe de vinaigre de vin*
- *3 cuil. à soupe de yaourt maigre*
- *2 pincées d'origan séché*
- *1 cuil. à soupe de persil haché*
- *1 olive noire*
- *1 pincée de sucre*
- *Sel, poivre*

■ Ôtez le pédoncule des aubergines, lavez les aubergines et entaillez leur peau dans la longueur. Posez-les sur la lèchefrite du four, glissez-la sous le gril et laissez cuire de 20 à 25 min, jusqu'à ce que les aubergines soient tendres sous le doigt, en les retournant à mi-cuisson.

■ Coupez les aubergines en deux, retirez la pulpe avec une cuillère et laissez-la égoutter quelques minutes dans une passoire fine en la pressant à l'aide d'une cuillère en bois.

■ Pelez les échalotes et l'ail, mettez-les dans le bol d'un mixeur. Ajoutez la pulpe des aubergines, du sel, du poivre, l'origan et le sucre. Mixez en ajoutant le vinaigre et le yaourt.

■ Versez le tout dans une jatte et laissez au frais pendant 2 h au moins. Au moment de servir, parsemez le caviar d'aubergines de persil haché et placez une olive noire au centre.

**POUR 4 PERSONNES**
**PRÉPARATION : 5 MIN**
**CUISSON : 20 MIN**
**MARINADE : 4 H**
**DIFFICULTÉ : TRÈS FACILE**
**COÛT : BON MARCHÉ**

# Champignons en marinade provençale

- *400 g de champignons de Paris miniatures surgelés*
- *1 cuil. à soupe de concentré de tomates*
- *2 cuil. à soupe de madère*
- *2 cuil. à soupe de vinaigre de Xérès*
- *Quelques gouttes de Tabasco*
- *1 feuille de laurier*
- *1 pincée d'herbes de Provence*

■ Mettez les champignons encore surgelés dans une casserole et faites-les chauffer 5 min à feu vif en remuant souvent.

■ Ajoutez aux champignons le concentré de tomates, le madère, le vinaigre, le Tabasco, le laurier et les herbes de Provence, puis mélangez bien.

■ Portez à ébullition et laissez cuire à feu moyen 10 min, sans couvrir, jusqu'à ce que les champignons soient juste tendres.

■ Versez le contenu de la casserole dans un ravier, ôtez le laurier, laissez refroidir, puis mettez le ravier dans le réfrigérateur et laissez mariner au moins 4 h. Servez frais.

**CONSEIL**

Cette entrée est parfaitement diététique et ne vous apportera pas d'acides gras saturés. Les champignons en général contiennent très peu de calories.

POUR 4 PERSONNES
PRÉPARATION
ET CUISSON : 15 MIN
DIFFICULTÉ : TRÈS FACILE
COÛT : BON MARCHÉ

# Salade de soja à la sauce au yaourt

- *200 g de germes de soja*
- *1 orange*
- *1/2 poivron rouge*
- *1/2 poivron vert*
- *1 cuil. à soupe de moutarde*
- *4 cuil. à soupe de yaourt maigre*
- *1/2 cuil. à café de sauce soja*
- *Quelques feuilles de menthe*
- *Sel*

Portez à ébullition de l'eau salée dans une casserole. Prélevez le zeste de l'orange avec un couteau zesteur pour obtenir de minces filaments.

Lavez le soja dans une bassine d'eau, éliminez les racines et les petites cosses vertes. Égouttez les germes de soja, jetez-les dans l'eau bouillante, ainsi que le zeste de l'orange, et laissez-les cuire 1 min à partir de la reprise de l'ébullition. Versez ensuite le soja dans une passoire et rincez-le sous l'eau froide, puis égouttez-le.

Pelez les demi-poivrons, coupez-les en lanières de 3 à 4 mm de large et recoupez-les en petits dés.

Pressez l'orange. Mélangez 3 cuil. à soupe de jus avec la moutarde, le yaourt et la sauce soja.

Mettez le soja, le zeste d'orange et les dés de poivron dans un plat creux. Arrosez avec la sauce, mélangez et parsemez de menthe hachée.

**CONSEIL**

Cette entrée, qui ne comprend pas d'acides gras saturés, vous permet l'absorption de plats plus riches.

POUR 4 PERSONNES
PRÉPARATION : 15 MIN
DIFFICULTÉ : TRÈS FACILE
COÛT : BON MARCHÉ

# Concombre au yaourt

- *2 concombres bien fermes*
- *2 yaourts veloutés*
- *1/2 citron*
- *1 pincée de semoule d'ail*
- *1 cuil. à café d'estragon haché*
- *1 belle orange*
- *Sel, poivre*

Lavez les concombres et coupez-les en petites allumettes.

Pressez le demi-citron. Versez les yaourts dans un bol, ajoutez-y le jus de citron, la semoule d'ail et l'estragon. Salez, poivrez et mélangez bien le tout.

Lavez et essuyez l'orange, puis coupez-la en tranches fines.

Placez les allumettes de concombre dans un saladier ou dans de petits bols individuels, entourez-les des rondelles d'orange et nappez la préparation de la sauce contenue dans le bol. Servez sans attendre.

**CONSEIL**

Vous pouvez utiliser les restes des concombres dans une salade ou dans une soupe.

**POUR 4 PERSONNES**
**PRÉPARATION : 15 MIN**
**DIFFICULTÉ : TRÈS FACILE**
**COÛT : RAISONNABLE**

# Salade brumaire

- *250 g de raisin blanc à gros grains*
- *4 endives*
- *1 pomme granny-smith*
- *3 cuil. à soupe de jus de citron*
- *1 cuil. à soupe de moutarde à l'ancienne*
- *1 jaune d'œuf*
- *1 yaourt velouté*
- *1 cuil. à soupe de cerfeuil haché*
- *Sel, poivre*

■ Lavez le raisin, égrenez-le, puis pelez les grains et retirez-en les pépins.

■ Supprimez la première feuille des endives si elle vous paraît abimée. Essuyez-les et coupez-les en morceaux.

■ Pelez la pomme, coupez-la en dés, puis arrosez-la avec 1 cuil. à soupe de jus de citron.

■ Mélangez la moutarde, le jaune d'œuf, le yaourt et le reste du jus de citron. Salez et poivrez.

■ Mettez le raisin, les endives et la pomme dans un saladier. Arrosez avec la sauce, mélangez soigneusement. Parsemez de cerfeuil et servez.

**CONSEIL**

Vous vous épargnerez du travail si vous pouvez vous procurer du raisin sans pépins. Sinon, extirpez-les avec la pointe d'un couteau ou la boucle d'un trombone déplié.

**POUR 4 PERSONNES**
**PRÉPARATION : 10 MIN**
**MACÉRATION : 30 MIN**
**DIFFICULTÉ : FACILE**
**COÛT : RAISONNABLE**

# Tartare de daurade à la grenade

- *Les filets de 1 daurade de 1 kg*
- *2 grenades*
- *250 g de trévise*
- *4 cuil. à soupe de jus de citron*
- *1 cuil. à soupe d'huile d'olive*
- *Sel, poivre*

■ Rincez les filets de daurade et séchez-les dans du papier absorbant. Coupez-les en tranches de 2 cm de large et recoupez-les en carrés.

■ Mettez les carrés de poisson dans une assiette. Salez-les et poivrez-les. Arrosez-les avec le jus de citron et l'huile d'olive et laissez-les macérer 30 min.

■ Pendant ce temps, lavez la salade, puis épongez-la. Coupez les grenades en deux et passez-en 1 au presse-agrumes pour en extraire le jus. Retirez la pulpe et les graines de la seconde grenade avec une petite cuillère.

■ Tapissez un plat avec la salade. Égouttez le poisson et disposez-le au centre du plat, puis arrosez-le de jus de grenade. Éparpillez les graines et la pulpe de grenade sur la salade et sur le poisson. Servez.

**CONSEIL**

Pour pouvoir être consommé cru, le poisson doit être d'une fraîcheur absolue. Demandez conseil à votre poissonnier.

**POUR 4 PERSONNES**
**PRÉPARATION : 10 MIN**
**DIFFICULTÉ : TRÈS FACILE**
**COÛT : RAISONNABLE**

# Papayes farcies aux crevettes

- *2 papayes*
- *100 g de crevettes décortiquées*
- *1 citron vert*
- *1 poivron rouge en boîte*
- *1 cuil. à café de moutarde forte*
- *1/2 yaourt velouté*
- *Quelques gouttes de sauce Tabasco*

Ouvrez les papayes en deux dans leur longueur. Ôtez les graines avec une petite cuillère. Détachez la chair avec un couteau à pamplemousse, en laissant 2 ou 3 mm de pulpe contre l'écorce.

Coupez la chair des papayes en petits cubes. Coupez le citron vert en deux ; prélevez-en 4 rondelles fines, mettez-les de côté ; pressez le reste du citron. Arrosez les cubes de papaye avec le jus obtenu. Hachez le poivron rouge au couteau.

Mettez la moutarde dans une jatte. Ajoutez le yaourt et la sauce Tabasco. Mélangez papayes, crevettes et poivron à cette sauce, puis garnissez-en les écorces. Décorez chacune d'elles avec 1 rondelle de citron et servez frais.

**VARIANTE**

Vous pouvez éventuellement remplacer les papayes par des petits melons à peine sucrés.

**POUR 6 PERSONNES**
**PRÉPARATION : 10 MIN**
**CUISSON : 30 MIN**
**RÉFRIGÉRATION : 12 H**
**DIFFICULTÉ : DIFFICILE**
**COÛT : RAISONNABLE**

# Mousse d'aubergines

- *1 kg d'aubergines*
- *2 gros poivrons rouges*
- *2 gousses d'ail*
- *3 cuil. à soupe de xérès sec*
- *1 cuil. à soupe de gélatine en poudre*
- *2 yaourts veloutés*
- *3 cuil. à soupe de vinaigre de vin à l'estragon*
- *Sel*

***Pour servir***
- *2 tomates*

Posez les aubergines et les poivrons à 12 cm du gril du four et faites-les cuire de 20 à 30 min selon leur grosseur en les tournant deux ou trois fois. Pelez l'ail et passez-le au presse-ail.

Versez le vinaigre et le xérès dans une casserole, ajoutez la gélatine et laissez-la gonfler 2 min. Faites ensuite chauffer à feu très doux en remuant sans cesse jusqu'à ce que la gélatine soit dissoute.

Pelez les poivrons, ôtez le pédoncule et les graines. Coupez les aubergines en deux et retirez la pulpe. Mettez l'ail et la pulpe des aubergines et des poivrons dans un robot, et mixez. Ajoutez la gélatine fondue et les yaourts. Salez. Mélangez soigneusement.

Versez la préparation dans une terrine, lissez la surface. Laissez prendre 12 h au réfrigérateur. Au moment de servir, passez la lame d'un couteau entre le récipient et son contenu et retournez la terrine sur un plat. Décorez avec des rondelles de tomate.

**CONSEIL**

Si vous n'avez pas de gélatine en poudre, faites tremper 5 feuilles de gélatine dans de l'eau froide pendant 5 min, essorez-la puis ajoutez-la au vinaigre et au xérès tièdes.

**POUR 4 PERSONNES**
**PRÉPARATION : 15 MIN**
**CUISSON : 40 MIN**
**DIFFICULTÉ : FACILE**
**COÛT : RAISONNABLE**

# Salade de riz aux figues

- *125 g de riz basmati complet*
- *150 g de grosses crevettes cuites*
- *1 avocat*
- *3 figues*
- *4 feuilles de salade verte*
- *1 cuil. à soupe de jus de citron*
- *1 cuil. à soupe d'huile de colza*
- *2 cuil. à soupe d'huile d'olive*
- *1 cuil. à soupe de vinaigre balsamique*
- *1 cuil. à café de condiment Savora*
- *Tabasco*
- *Sel, poivre*

■ Faites bouillir une grande casserole d'eau, salez-la, jetez-y le riz et laissez-le cuire pendant 40 min.

■ Mettez le riz dans une passoire, passez-le sous l'eau froide et égouttez-le bien.

■ Décortiquez les crevettes et coupez-les en morceaux. Coupez l'avocat en deux, pelez-le, retirez le noyau et coupez la pulpe en dés. Arrosez-les de jus de citron et de quelques gouttes de Tabasco. Salez. Lavez les figues, essuyez-les et coupez-les en morceaux.

■ Lavez les feuilles de salade. Garnissez-en 4 coupes individuelles. Mélangez les huiles, le vinaigre, la Savora, du sel et du poivre dans une jatte. Versez-y le riz et mélangez bien. Ajoutez ensuite les crevettes, les dés d'avocat et les figues. Mélangez très délicatement, puis répartissez la salade dans les coupes et portez à table.

**CONSEIL**

Si vous utilisez du riz basmati complet à cuisson rapide, faites-le bouillir de 18 à 20 min seulement.

**POUR 6 PERSONNES**
**TREMPAGE : 12 H**
**PRÉPARATION : 35 MIN**
**CUISSON : 2 H 30**
**RÉFRIGÉRATION : 3 H**
**DIFFICULTÉ : FACILE**
**COÛT : RAISONNABLE**

# Assiette crétoise

***Purée de pois chiches***
- *2 citrons*
- *200 g de pois chiches*
- *2 gousses d'ail hachées*
- *4 cuil. à soupe de pâte de sésame*
- *3 cuil. à soupe d'huile d'olive*
- *2 branches de persil plat*
- *Piment, sel*

***Poivrons***
- *3 poivrons rouges*
- *1 cuil. à soupe d'huile d'olive, 1 cuil. à café de vinaigre balsamique*
- *1 pincée de semoule d'ail*
- *1 pincée de sucre, sel*

***Purée d'aubergines***
- *3 aubergines*
- *1 oignon, 1 gousse d'ail*
- *3 cuil. à soupe d'huile d'olive, 1 cuil. à soupe de vinaigre de vin*
- *2 pincées d'origan*

■ Faites tremper les pois chiches dans l'eau froide pendant 12 h. Le lendemain, égouttez les pois chiches, mettez-les dans une casserole avec de l'eau froide, portez à ébullition et laissez cuire 2 h 30.

■ Pendant ce temps, allumez le gril du four. Lavez les aubergines et les poivrons. Glissez-les sous le gril et laissez-les griller de 20 à 25 min, en les tournant souvent.

■ Pelez les poivrons, coupez la pulpe en lanières. Assaisonnez avec l'huile, le vinaigre, le sucre, la semoule d'ail et du sel. Mettez au frais. Retirez la pulpe des aubergines avec une cuillère, hachez-la grossièrement au couteau et laissez-la égoutter.

■ Pelez l'oignon et l'ail, coupez-les en morceaux. Mettez-les dans le bol du robot avec la chair des aubergines et l'origan. Mixez tout en versant l'huile d'olive. Salez, poivrez et sucrez. Incorporez le vinaigre. Versez dans un plat et laissez au réfrigérateur au moins 3 h.

*– 1 pincée de sucre, sel, poivre*

***Concombre***
*– 1 petit concombre*
*– 2 cuil. à soupe de yaourt au lait de brebis*
*– 1 gousse d'ail*
*– 1 cuil. à soupe d'huile d'olive*
*– 1 cuil. à soupe de jus de citron*
*– 1 cuil. à soupe d'aneth haché*
*– 1/2 cuil. à café de sucre, sel*

■ Pelez le concombre et coupez-le en rondelles très fines. Mettez-les dans une passoire, poudrez de sel et de sucre. Pressez l'ail au-dessus, mélangez. Laissez en attente 30 min.

■ Pelez 2 gousses d'ail et hachez-les. Égouttez les pois chiches et réduisez-les en purée. Ajoutez la pâte de sésame, l'ail haché et le jus de citron. Puis versez l'huile d'olive en mixant. Salez, pimentez et laissez au frais au moins 3 h.

■ Mélangez le yaourt, l'huile d'olive, le citron et l'aneth avec le concombre.

POUR 4 PERSONNES
PRÉPARATION : 15 MIN
DIFFICULTÉ : FACILE
COÛT : RAISONNABLE

# Petite salade aux fruits secs

- *50 g de pousses d'épinards*
- *50 g de mâche*
- *50 g de pourpier*
- *16 cerneaux de noix*
- *20 g de raisins secs*
- *2 cuil. à café de condiment Savora*
- *2 cuil. à soupe d'huile d'olive*
- *1 cuil. à soupe d'huile de noix*
- *1 cuil. à soupe de vinaigre de xérès*
- *1 cuil. à soupe de vinaigre balsamique*
- *1 cuil. à soupe de muscat de Rivesaltes*
- *2 pincées de curry*
- *Sel, poivre*

Nettoyez les épinards, la mâche et le pourpier. Égouttez-les soigneusement. Brisez les cerneaux de noix entre vos doigts. Rincez les raisins.

Mélangez dans un saladier la Savora, les vinaigres, les huiles, le muscat, le curry, du sel et du poivre. Émulsionnez la sauce.

Ajoutez les épinards, la mâche et le pourpier dans le saladier, mélangez délicatement. Ajoutez les noix et les raisins. Parsemez la salade de 1 cuil. à soupe de ciboulette et de persil hachés. Servez sans attendre.

**CONSEIL**

Si les raisins sont très secs, faites-les tremper quelques minutes dans de l'eau chaude.

**POUR 4 PERSONNES**
**PRÉPARATION : 10 MIN**
**DIFFICULTÉ : FACILE**
**COÛT : UN PEU CHER**

# Roquette et nashi aux œufs de saumon

- *125 g de roquette*
- *1 nashi*
- *100 g d'œufs de saumon*
- *1 cuil. à soupe de vinaigre de vin*
- *2 cuil. à soupe d'huile d'olive*

■ Lavez la roquette et essorez-la. Mélangez le vinaigre et l'huile, assaisonnez-en la roquette et mélangez bien. Répartissez la salade sur un plat.

■ Pelez le nashi, retirez le cœur et les pépins, puis coupez la pulpe en lamelles. Déposez-les sur la salade. Ajoutez les œufs de poisson par petits tas sur les lamelles de nashi. Servez.

**CONSEIL**

Appelé aussi pomme-poire ou poire asiatique, le nashi est un gros fruit rond qui ressemble à une pomme. C'est une bonne source de vitamine A et de potassium. Vous le trouverez chez les marchands de produits asiatiques ou de fruits exotiques. Vous pouvez le remplacer par une poire ferme et à peine mûre (conférence ou comice).

**POUR 4 PERSONNES**
**PRÉPARATION : 10 MIN**
**MACÉRATION : 30 MIN**
**DIFFICULTÉ : FACILE**
**COÛT : BON MARCHÉ**

# Tartare de crudités

- *600 g de tomates cœur-de-bœuf*
- *1 poivron rouge*
- *500 g de concombre*
- *1 grosse gousse d'ail*
- *3 branches de basilic*
- *1 cuil. à café de vinaigre de vin rouge*
- *1 cuil. à café de vinaigre de vin blanc*
- *3 cuil. à soupe d'huile d'olive*
- *Sucre en poudre*
- *Sel, poivre*

■ Pelez les tomates. Coupez-les en quartiers, retirez les pépins et taillez la pulpe en très petits dés. Coupez le poivron en quatre, retirez les graines et les filaments blancs, taillez les quartiers en bandelettes fines puis en très petits dés. Hachez les feuilles de basilic avec des ciseaux. Mélangez les dés de tomate et de poivron avec le basilic, le vinaigre de vin rouge, la moitié de l'huile, du sel, du poivre et 2 pincées de sucre. Laissez macérer au moins 30 min.

■ Pelez le concombre, supprimez le cœur avec les pépins, coupez la pulpe en fins bâtonnets, puis en très petits dés. Pelez l'ail et passez-le au presse-ail au-dessus du concombre. Salez, poivrez, ajoutez 3 pincées de sucre, le vinaigre de vin blanc et le reste de l'huile d'olive. Mélangez bien. Laissez macérer pendant au moins 30 min.

■ Au moment de servir, égouttez séparément le concombre et le mélange tomate-poivron. Posez un cercle métallique de 8 cm de diamètre au centre d'une assiette, déposez le quart du concombre dedans, couvrez avec le quart des tomates. Retirez le cercle et faites la même présentation dans 3 autres assiettes.

**POUR 4 PERSONNES**
**PRÉPARATION : 15 MIN**
**CUISSON : 30 MIN**
**DIFFICULTÉ : TRÈS FACILE**
**COÛT : BON MARCHÉ**

# Purée provençale

- *500 g d'aubergines*
- *150 g de poivron rouge*
- *150 g de courgette*
- *150 g d'oignons*
- *2 grosses gousses d'ail*
- *1 pincée de thym séché*
- *1 cuil. à soupe d'huile d'olive*
- *Sel, poivre*

Retirez le pédoncule des aubergines, pelez-les et coupez-les en deux, puis recoupez-les en tronçons. Rincez le poivron, retirez-en le pédoncule, les graines et les filaments blancs, coupez la pulpe en morceaux. Lavez la courgette et coupez-la en tronçons. Pelez les oignons et coupez-les en quatre. Pelez enfin l'ail et coupez les gousses en deux.

Mettez tous les légumes dans le compartiment perforé d'un cuit-vapeur. Couvrez et laissez cuire pendant 30 min.

Lorsque les légumes sont cuits, passez-les au robot ménager pour les réduire en purée. Ajoutez le thym, l'huile, du sel et du poivre. Faites à nouveau fonctionner l'appareil pendant quelques secondes. Versez dans un plat ou dans des bols individuels et servez.

**CONSEIL**

Cette purée peut accompagner n'importe quelle viande ou volaille grillée ou encore du poisson poché ou grillé également.

**POUR 4 PERSONNES**
**PRÉPARATION : 20 MIN**
**CUISSON : 30 MIN**
**DIFFICULTÉ : DIFFICILE**
**COÛT : BON MARCHÉ**

# Chou farci aux champignons

- *4 grandes feuilles de chou vert*
- *500 g de champignons de Paris*
- *2 échalotes*
- *50 g de jambon cru maigre*
- *2 cuil. à soupe de lait en poudre*
- *1 cuil. à soupe de jus de citron*
- *3 œufs*
- *20 g de gruyère râpé*
- *1 pincée de noix muscade*
- *1 cuil. à café d'huile*
- *Sel, poivre*

■ Épluchez et lavez les champignons ; coupez-les en lamelles. Pelez les échalotes et hachez-les finement. Faites cuire champignons et échalotes à feu vif, jusqu'à ce qu'il n'y ait plus de liquide. Salez et poivrez.

■ Plongez les feuilles de chou dans une casserole d'eau bouillante, laissez cuire 10 min. Égouttez-les, puis posez-les à plat sur un linge.

■ Préchauffez le four à 200 °C (th. 6-7). Hachez le jambon cru. Délayez le lait avec le jus de citron et 2 cuil. à soupe d'eau. Ajoutez-le au jambon avec les œufs, le fromage et la noix muscade. Salez légèrement, poivrez et mélangez.

■ Huilez 4 petits moules. Retirez la partie dure des côtes des feuilles de chou sur 2 ou 3 cm. Posez chaque feuille dans un moule. Ajoutez les champignons aux œufs, mélangez et répartissez entre les moules. Refermez les feuilles.

■ Enfournez, couvrez d'aluminium, laissez cuire 20 min. Démoulez avec une spatule large. Servez.

POUR 4 PERSONNES
PRÉPARATION : 10 MIN
CUISSON : 20 MIN
DIFFICULTÉ : TRÈS FACILE
COÛT : RAISONNABLE

# Mousse d'artichauts

- *400 g de fonds d'artichauts surgelés*
- *2 cuil. à soupe de lait en poudre*
- *2 cuil. à soupe de jus de citron*
- *1 œuf*
- *1 cuil. à soupe de crème fraîche*
- *Sel, poivre*

***Pour servir***

- *4 fonds d'artichauts surgelés*
- *4 rondelles de tomate*

■ Mettez les fonds d'artichauts encore gelés dans une casserole d'eau bouillante salée et laissez-les cuire 20 min, jusqu'à ce qu'ils soient tendres. Égouttez les fonds d'artichauts, coupez-les en morceaux et passez-les au mixeur pour les réduire en purée.

■ Délayez le lait en poudre avec le jus de citron. Ajoutez-les dans le mixeur et faites à nouveau fonctionner l'appareil. Salez, poivrez. Ajoutez l'œuf et la crème pendant que l'appareil fonctionne.

■ Versez la mousse dans un légumier et servez chaud avec du veau grillé, rôti ou poêlé. Pour une présentation plus élaborée, versez un peu de mousse sur 4 fonds d'artichauts que vous poserez ensuite sur 1 rondelle de tomate.

**POUR 4 PERSONNES**
**PRÉPARATION ET CUISSON : 25 MIN**
**DIFFICULTÉ : TRÈS FACILE**
**COÛT : BON MARCHÉ**

# Purée de courgettes

- *750 g de courgettes*
- *1 gousse d'ail*
- *250 g d'épinards hachés surgelés*
- *2 cuil. à soupe de fécule*
- *2 cuil. à soupe de jus de citron*
- *2 cuil. à soupe de persil plat haché*
- *10 g de beurre*
- *Sel, poivre*

Pelez l'ail, coupez-le en deux. Ôtez les extrémités des courgettes, lavez-les, coupez-les en deux dans leur longueur, puis recoupez-les en tronçons. Mettez-les ainsi que l'ail dans le compartiment perforé d'un cuit-vapeur, couvrez et faites cuire pendant 15 min.

Pendant ce temps, mettez les épinards dans une casserole, couvrez et faites dégeler à feu doux.

Lorsqu'elles sont cuites, mettez les courgettes dans un mixeur et faites fonctionner l'appareil.

Délayez la fécule avec le jus de citron et ajoutez-la aux épinards. Laissez cuire 1 min en remuant. Ajoutez les épinards, le persil et le beurre à la purée de courgettes, salez et poivrez, mélangez, versez dans un plat ou dans des bols individuels et servez.

**CONSEIL**

Présentez cette purée avec un poisson cuit au four.

**VARIANTE**

Vous pouvez remplacer les épinards surgelés par 300 g d'épinards frais que vous équeuterez et ferez fondre à feu vif dans une casserole avant de les hacher.

POUR 4 PERSONNES
PRÉPARATION
ET CUISSON : 30 MIN
DIFFICULTÉ : FACILE
COÛT : BON MARCHÉ

# Couronne d'épinards

- *750 g d'épinards hachés surgelés*
- *50 g de semoule de couscous*
- *3 œufs*
- *2 cuil. à soupe de parmesan râpé*
- *1 pincée de noix muscade*
- *1 pincée de quatre-épices*
- *Sel, poivre*

***Pour la sauce***

- *30 cl de lait*
- *1 tablette de bouillon de volaille instantané*
- *2 cuil. à soupe de madère*
- *1 1/2 cuil. à café de fécule*
- *1 pincée de curry*

Préchauffez le four à 200 °C (th. 6-7). Mettez les épinards dans une casserole et laissez-les dégeler à feu doux. Ajoutez alors la semoule de couscous, couvrez et laissez cuire pendant 3 min.

Battez les œufs à la fourchette. Salez et poivrez. Ajoutez la noix muscade, le parmesan ainsi que le quatre-épices, puis les épinards. Mélangez soigneusement. Versez la préparation dans un moule à couronne antiadhésif ou dans de petits moules individuels. Enfournez, laissez cuire pendant 15 min.

Pendant ce temps, préparez la sauce : faites chauffer le lait dans une casserole, ajoutez-y le bouillon de volaille et mélangez. Délayez la fécule avec le madère et ajoutez ce mélange au lait bouillant, puis remuez pendant environ 2 min, jusqu'à ce que la sauce épaississe légèrement. Incorporez alors le curry. Goûtez et rectifiez l'assaisonnement.

Lorsque la couronne d'épinards est ferme sous le doigt, démoulez-la sur un plat de service, nappez-la de sauce et portez à table.

**POUR 4 PERSONNES**
**PRÉPARATION ET CUISSON : 1 H 15**
**DIFFICULTÉ : FACILE**
**COÛT : RAISONNABLE**

# Pudding de légumes

- *400 g d'aubergines*
- *400 g de courgettes*
- *4 gousses d'ail*
- *250 g d'oignons*
- *150 g de tomates*
- *50 g de jambon cru, sans gras*
- *3 œufs*
- *1/2 cuil. à café de thym*
- *1 cuil. à soupe d'huile d'olive*
- *Sel, poivre*

Lavez les aubergines et les courgettes. Ôtez-en les extrémités, coupez-les en rondelles.

Mettez les aubergines ainsi que l'ail non épluché dans le compartiment perforé d'un cuit-vapeur. Laissez cuire 10 min. Ajoutez les courgettes et faites cuire le tout pendant encore 10 min.

Pendant ce temps, épluchez les oignons et passez-les au mixeur. Faites chauffer l'huile dans une casserole à revêtement antiadhésif et faites-y sécher la purée d'oignons pendant 5 min en remuant sans cesse.

Lavez les tomates, coupez-les en morceaux, passez-les au moulin à légumes, grille fine. Hachez finement le jambon. Faites chauffer le four à 200° C (th. 6-7). Battez les œufs à la fourchette.

Ôtez l'ail du cuit-vapeur. Pressez sur l'une des extrémités des gousses d'ail pour faire sortir la pulpe et écrasez-la. Ajoutez l'ail, le thym, les oignons, la purée de tomate et le jambon aux œufs. Salez et poivrez. Mélangez.

■ Disposez les aubergines et les courgettes en couches dans un moule à soufflé, en les alternant. Salez et poivrez légèrement chaque couche.

■ Nappez du mélange aux œufs et faites pénétrer celui-ci en faisant des trous dans les légumes avec une fourchette. Glissez le moule dans le four et laissez cuire pendant 40 min.

■ Lorsque le pudding est bien doré, sortez-le du four et servez chaud dans le plat de cuisson.

**CONSEIL**

N'hésitez pas à faire précéder ce pudding d'une entrée un peu substantielle (comme une soupe de poissons par exemple) et à terminer le repas avec une compote et une boule de glace.

POUR 4 PERSONNES
PRÉPARATION
ET CUISSON : 30 MIN
DIFFICULTÉ : FACILE
COÛT : BON MARCHÉ

# Couronne de tagliatelles aux légumes

- *150 g de tagliatelles blanches fraîches*
- *150 g de tagliatelles vertes fraîches*
- *1 branche d'estragon*
- *1 gousse d'ail*
- *2 échalotes*
- *50 cl de coulis de tomates*
- *1/2 feuille de laurier*
- *1 pincée de piment*
- *1 poivron vert*
- *2 carottes*
- *2 courgettes*
- *1 grosse tomate*
- *8 olives noires dénoyautées*
- *2 cuil. à soupe de chapelure*
- *2 cuil. à café d'huile d'olive*
- *2 pincées de sucre*
- *Sel, poivre*

Hachez les feuilles d'estragon. Pelez l'ail et hachez-le, épluchez les échalotes et hachez-les finement. Faites blondir l'ail et les échalotes à feu doux dans une casserole, avec 1 cuil. à café d'huile. Ajoutez le coulis de tomates, le laurier, le piment, l'estragon et le sucre. Laissez mijoter à feu doux, sans couvrir.

Mettez le poivron sous le gril du four jusqu'à ce que la peau noircisse sur toutes ses faces. Grattez les carottes, taillez-les en petits dés. Faites-les cuire dans la sauce tomate.

Pelez les courgettes et taillez-les en longues lamelles avec un couteau économe. Pelez la tomate, retirez les pépins, puis taillez la pulpe en dés. Coupez les olives en lamelles fines. Pelez le poivron, ôtez le pédoncule, les graines et les filaments blancs et coupez la pulpe en petits carrés.

Mettez de l'eau salée à bouillir dans une petite casserole, plongez-y les courgettes et laissez-les cuire 3 min, puis versez-les dans une passoire.

■ Faites cuire les pâtes dans une grande casserole d'eau bouillante salée.

■ Huilez un petit moule en couronne et poudrez-le de chapelure. Égouttez les pâtes, mettez-les dans le moule, tapez celui-ci contre la table et laissez reposer 5 min.

■ Mélangez la sauce tomate avec la tomate crue, le poivron, les olives et les courgettes. Retournez le moule contenant les pâtes sur un plat et versez les légumes.

**CONSEIL**

Avec une salade et un fruit, vous aurez avec ce plat un menu complet.

**POUR 4 PERSONNES**
**PRÉPARATION : 20 MIN**
**CUISSON : 1 H**
**DIFFICULTÉ : FACILE**
**COÛT : RAISONNABLE**

# Pommes de terre nouvelles aux cèpes

- *500 g de petites pommes de terre nouvelles*
- *1 bocal de cèpes de 340 g, poids net égoutté*
- *3 oignons nouveaux*
- *3 cuil. à soupe de jus de citron*
- *2 cuil. à soupe de persil plat haché*
- *3 cuil. à café d'huile d'olive*
- *Sel, poivre*

■ Faites préchauffer le four à 170 °C (th. 5-6). Grattez les pommes de terre. Pelez les oignons, hachez-les et mettez-les dans un plat à four. Ajoutez les pommes de terre, salez-les, poivrez-les et arrosez-les du jus de citron et de 2 cuil. à café d'huile. Mélangez bien.

■ Ajoutez 5 cuil. à soupe d'eau dans le plat, mettez au four et laissez cuire pendant 1 h.

■ Après 45 min de cuisson, versez le reste de l'huile dans une casserole à revêtement antiadhésif et badigeonnez-en le fond à l'aide d'un pinceau.

■ Égouttez les cèpes, versez-les dans la casserole et faites-les sauter à feu moyen pendant 10 min.

■ Lorsque les pommes de terre sont cuites, mettez-les dans un légumier, ajoutez les cèpes et le persil haché. Mélangez et portez à table sans attendre.

POUR 4 PERSONNES
PRÉPARATION : 20 MIN
CUISSON : 45 MIN
DIFFICULTÉ : FACILE
COÛT : BON MARCHÉ

# Curry de légumes

- *2 carottes*
- *4 pommes de terre d'environ 150 g chacune*
- *1 aubergine*
- *1 poivron*
- *150 g de haricots verts*
- *1 tête de brocoli*
- *3 tomates*
- *2 gousses d'ail*
- *2 oignons*
- *4 rondelles d'ananas frais ou en boîte au naturel*
- *1/2 cuil. à café de cumin en poudre*
- *1 cuil. à soupe de curry en poudre*
- *2 cuil. à soupe d'huile d'olive*
- *Sel, poivre*

■ Épluchez les carottes et les pommes de terre, lavez-les, coupez-les en dés de 1 cm de côté. Lavez l'aubergine, ôtez le pédoncule, coupez-la en petits cubes. Lavez le poivron, ôtez le pédoncule, les graines et les filaments blancs, coupez la pulpe en petits carrés. Équeutez les haricots verts, coupez-les en tronçons de 2 cm et lavez-les. Lavez le brocoli et séparez-le en petits bouquets.

■ Pelez les tomates et hachez-les. Pelez l'ail et les oignons, hachez-les en petits morceaux.

■ Faites bouillir 50 cl d'eau, salez-la, plongez-y les haricots et laissez-les cuire 8 min. Égouttez-les en conservant leur eau de cuisson.

■ Pendant ce temps, mettez l'huile à chauffer dans une sauteuse à fond épais, à revêtement antiadhésif, et faites-y dorer les oignons. Ajoutez les pommes de terre, le poivron et l'ail et faites revenir le tout 5 min à feu vif, en remuant souvent.

■ Ajoutez les carottes, l'aubergine, le brocoli et les tomates. Poudrez de cumin et de curry, salez

et poivrez. Versez la moitié de l'eau de cuisson des haricots, portez doucement à ébullition, couvrez et laissez cuire 20 min.

■ Ajoutez alors les haricots et laissez cuire encore 10 min.

■ Coupez les rondelles d'ananas en petits dés. Ajoutez-les, laissez chauffer quelques minutes, mélangez et servez.

**CONSEIL**

Préférez les mélanges de légumes à un seul.

POUR 4 PERSONNES
PRÉPARATION : 25 MIN
CUISSON : 35 MIN
DIFFICULTÉ : DIFFICILE
COÛT : BON MARCHÉ

# Paella aux légumes

- *200 g de riz rond*
- *50 g de riz sauvage*
- *1 aubergine*
- *2 poivrons rouges*
- *3 tomates*
- *100 g de pois gourmands*
- *1 oignon*
- *2 gousses d'ail*
- *4 cuil. à soupe de petits pois en boîte*
- *2 cuil. à soupe de bouillon de légumes en poudre non salé*
- *1 dose de safran*
- *25 cl de vin blanc*
- *1 pincée de piment en poudre*
- *3 branches de persil hachées*
- *3 cuil. à soupe d'huile d'olive*
- *Sel, poivre*

■ Jetez le riz sauvage dans une casserole d'eau bouillante salée et laissez-le cuire 15 min.

■ Ôtez le pédoncule de l'aubergine, lavez-la, coupez-la en rondelles de 1 cm puis en dés. Ôtez le pédoncule, les graines et les filaments blancs des poivrons, lavez-les et coupez-les en petits carrés. Pelez les tomates et coupez-les en dés. Lavez les pois gourmands et coupez-les en biais, en 3 ou 4 morceaux. Pelez l'oignon et l'ail, puis hachez-les.

■ Mettez l'huile à chauffer dans une sauteuse, et faites fondre l'oignon et l'ail. Ajoutez ensuite l'aubergine, les poivrons, les pois gourmands et le riz rond. Faites-les revenir 3 min, en mélangeant.

■ Faites bouillir 1 litre d'eau, ajoutez le bouillon de légumes et le safran. Égouttez le riz sauvage, ajoutez-le dans la sauteuse, avec les tomates, le vin blanc et le piment. Arrosez avec le bouillon, salez et poivrez.

■ Laissez cuire 20 min à feu doux, en remuant de temps en temps. Ajoutez les petits pois 5 min avant la fin de la cuisson. Parsemez la paella de persil et servez chaud.

**POUR 4 PERSONNES**
**PRÉPARATION**
**ET CUISSON : 35 MIN**
**DIFFICULTÉ : DIFFICILE**
**COÛT : BON MARCHÉ**

# Risotto aux épinards

- *300 g de riz pour risotto ou, à défaut, de riz rond*
- *500 g d'épinards frais*
- *3 tablettes de bouillon de poule dégraissé*
- *Noix muscade*
- *3 oignons nouveaux*
- *3 cuil. à soupe de parmesan râpé*
- *2 cuil. à soupe d'huile*
- *1 pincée de sucre*
- *Sel, poivre*

■ Pelez les oignons et hachez-les. Équeutez les épinards, lavez-les à grande eau, égouttez-les et hachez-les grossièrement avec un couteau.

■ Faites fondre les oignons 3 min avec la moitié de l'huile. Ajoutez les épinards et faites-les fondre également. Salez, poivrez, sucrez, ajoutez 2 pincées de noix muscade, couvrez et arrêtez la cuisson.

■ Faites bouillir 1,5 l d'eau, ajoutez les tablettes de bouillon. Gardez au chaud.

■ Mettez le reste de l'huile à chauffer dans une sauteuse à revêtement antiadhésif. Faites-y revenir le riz jusqu'à ce qu'il soit translucide. Arrosez-le avec une louche de bouillon chaud, laissez le riz absorber le liquide en remuant régulièrement.

■ Versez à nouveau une louche de bouillon, laissez absorber en remuant et continuez ainsi jusqu'à ce que le riz soit moelleux (environ 25 min de cuisson).

■ Mélangez délicatement les légumes au riz, puis ajoutez le parmesan. Servez chaud.

**POUR 4 PERSONNES**
**PRÉPARATION : 30 MIN**
**CUISSON : 1 H 30**
**DIFFICULTÉ : DIFFICILE**
**COÛT : BON MARCHÉ**

# Légumes farcis de Corinthe

- *4 belles tomates*
- *2 gros oignons*
- *200 g de riz*
- *1 cuil. à café de concentré de tomates*
- *3 cuil. à soupe de pignons de pin*
- *50 g de raisins de Corinthe*
- *3 pincées de cannelle*
- *3 pincées de quatre-épices*
- *1 cuil. à soupe de menthe fraîche hachée*
- *4 poivrons carrés de différentes couleurs*
- *2 cuil. à soupe de chapelure*
- *5 cuil. à soupe d'huile d'olive*
- *2 cuil. à café de sucre*
- *Sel, poivre*

Coupez le sommet des tomates, évidez-les avec une petite cuillère. Salez l'intérieur. Hachez grossièrement la pulpe retirée. Pelez les oignons et hachez-les finement. Faites-les blondir dans une sauteuse avec 2 cuil. à soupe d'huile.

Rincez le riz, ajoutez-le aux oignons, mélangez 2 min. Ajoutez la pulpe de tomates et le concentré, les pignons de pin, les raisins et 1 cuil. à café de sucre. Salez et poivrez. Relevez avec la cannelle et le quatre-épices. Arrosez avec 30 cl d'eau chaude. Portez à ébullition, couvrez et laissez cuire à feu doux 10 min jusqu'à ce que tout le liquide soit absorbé. Ajoutez alors la menthe et retirez du feu.

Égouttez les tomates et sucrez-en l'intérieur. Rincez les poivrons. Ôtez un chapeau, retirez les graines et les filaments blancs.

Emplissez tomates et poivrons avec la préparation au riz. Posez le chapeau sur chaque légume. Rangez-les dans un plat à gratin, poudrez de chapelure. Arrosez avec le reste de l'huile. Versez 25 cl d'eau dans le plat. Mettez au four à 180 °C (th. 6) et laissez cuire 1 h environ.

**POUR 4 PERSONNES**
**PRÉPARATION : 30 MIN**
**CUISSON : 1 H**
**DIFFICULTÉ : FACILE**
**COÛT : BON MARCHÉ**

# Couronne aux courgettes et au boulgour

- *1 kg de courgettes*
- *5 cuil. à soupe de boulgour fin*
- *2 oignons*
- *2 gousses d'ail*
- *50 g de parmesan non râpé*
- *4 œufs*
- *2 cuil. à soupe d'aneth haché*
- *250 g de champignons de Paris*
- *1 cuil. à soupe de jus de citron*
- *5 olives noires*
- *1 cuil. à soupe de pignons de pin*
- *2 cuil. à soupe d'huile d'olive*
- *1/2 cuil. à café de sucre*
- *Sel, poivre*

■ Pelez les courgettes, les oignons et l'ail. Râpez-les. Faites fondre l'ail et les oignons 5 min avec 1 cuil. à soupe d'huile, puis faites cuire les courgettes de 15 à 20 min. Salez, poivrez et sucrez. Ajoutez le boulgour. Retirez du feu.

■ Faites chauffer le four à 170 °C (th. 5). Huilez un moule en couronne. Râpez la moitié du parmesan.

■ Incorporez les œufs aux courgettes ainsi que le parmesan râpé et l'aneth. Versez dans le moule. Faites cuire 45 min au four.

■ Nettoyez les champignons et coupez-les en lamelles. Arrosez-les de citron. Taillez le reste du parmesan en copeaux. Coupez les olives en lamelles.

■ Saisissez les champignons 5 min à feu vif avec le reste de l'huile. Salez et poivrez. Ajoutez les olives, les pignons et le parmesan. Démoulez la couronne et placez les champignons au centre.

POUR 4 PERSONNES
TREMPAGE : 12 H
PRÉPARATION : 25 MIN
CUISSON : 2 H 10
DIFFICULTÉ : TRÈS FACILE
COÛT : RAISONNABLE

# Pois chiches à la méditerranéenne

- *200 g de pois chiches*
- *20 gousses d'ail*
- *1 cuil. à soupe de paprika*
- *1 1/2 cuil. à café de cumin en poudre*
- *1,250 kg d'aubergines*
- *2 poivrons rouges*
- *2 cuil. à soupe d'huile d'olive*
- *1 petite poignée de gros sel*
- *Sel, poivre*

Mettez les pois chiches dans une terrine d'eau avec le gros sel, laissez-les tremper pendant 12 h. Égouttez-les et rincez-les. Déposez-les dans un torchon et frottez pour éliminer les peaux.

Pelez 6 gousses d'ail et hachez-les. Faites chauffer l'huile dans un autocuiseur. Faites-y blondir l'ail haché 2 min. Ajoutez le paprika et le cumin, mélangez, versez les pois chiches, mélangez à nouveau, salez, arrosez avec 25 cl d'eau froide, fermez et laissez cuire à feu doux 1 h à partir du chuintement de la soupape.

Pendant ce temps, rincez les aubergines et coupez-les en cubes de 3 cm. Mettez-les dans une passoire, salez et laissez dégorger 1 h. Rincez les poivrons, ôtez-en le pédoncule et les graines, coupez la pulpe en morceaux.

Après 1 h de cuisson, ouvrez l'autocuiseur. Rincez rapidement les aubergines, ajoutez-les aux pois chiches ainsi que les poivrons et les gousses d'ail entières non pelées. Poivrez, mélangez, couvrez sans mettre la pression et laissez mijoter pendant 1 h. Servez bien chaud.

**POUR 4 PERSONNES**
**PRÉPARATION ET CUISSON : 15 MIN**
**DIFFICULTÉ : TRÈS FACILE**
**COÛT : RAISONNABLE**

# Céréales gourmandes aux olives

- *200 g de céréales gourmandes(blé, orge, avoine, flocons de soja)*
- *75 g d'olives noires*
- *100 g de feta*
- *Sel*

■ Faites bouillir 25 cl d'eau, salez, retirez du feu, versez les céréales et mélangez. Couvrez. Laissez gonfler 9 min.

■ Coupez les olives en fines lamelles et émiettez la feta.

■ Remettez les céréales sur le feu et faites réchauffer 2 min à feu doux en remuant avec une fourchette.

■ Versez les céréales dans un plat, ajoutez les olives et la feta et mélangez délicatement avant de servir.

**VARIANTE**

Blé aux poireaux : épluchez 200 g de blancs de poireaux, coupez-les en deux, de haut en bas, puis en lamelles de 2 cm et lavez-les. Mettez-les dans une casserole avec 3 cuil. à soupe d'eau et du sel. Couvrez et faites cuire 25 min. Pendant ce temps, mesurez 4 fois le volume en eau de 200 g de blé à cuisson rapide. Faites bouillir cette eau, salez-la, versez-y le blé et laissez bouillir doucement, sans couvrir, pendant 20 min. Égouttez le blé, mélangez-y les poireaux et 75 g d'olives noires coupées en lamelles. Poivrez. Arrosez d'un filet de jus de citron et d'un filet d'huile d'olive.

**POUR 4 PERSONNES**
**PRÉPARATION : 20 MIN**
**CUISSON : 20 MIN**
**DIFFICULTÉ : TRÈS FACILE**
**COÛT : RAISONNABLE**

# Fettucine au roquefort

- *300 g de fettucine ou de linguine au blé complet*
- *75 g de roquefort*
- *1 bulbe de fenouil*
- *1 oignon*
- *10 olives noires*
- *1 gousse d'ail*
- *250 g de tomates cerise*
- *10 cerneaux de noix*
- *3 cuil. à soupe d'huile d'olive*
- *Sel, poivre*

Retirez les tiges dures ainsi que la base du fenouil. Coupez le bulbe en tranches fines, verticalement, puis recoupez celles-ci en lamelles. Mettez les petites feuilles vertes de côté. Épluchez l'oignon et coupez-le en lamelles. Faites chauffer 1 cuil. à soupe d'huile d'olive dans une casserole à fond épais et faites-y blondir tout doucement le fenouil et l'oignon.

Pendant ce temps, dénoyautez les olives et hachez-les au couteau. Pelez l'ail et passez-le au presse-ail au-dessus d'une jatte. Rincez les tomates, épongez-les et coupez-les en quatre. Mélangez tous ces ingrédients avec le reste de l'huile. Salez et poivrez.

Faites bouillir une grande casserole d'eau, salez-la, plongez-y les pâtes et laissez-les cuire selon les indications portées sur l'emballage.

Égouttez les pâtes, versez-les dans un plat de service chaud. Poivrez-les. Ajoutez le fenouil et le contenu de la jatte. Émiettez les noix et le roquefort par-dessus. Mélangez délicatement. Hachez les feuilles vertes du fenouil, parsemez-en le plat et servez.

**POUR 4 PERSONNES**
**PRÉPARATION : 30 MIN**
**CUISSON : 1 H**
**DIFFICULTÉ : FACILE**
**COÛT : RAISONNABLE**

# Couscous aux légumes

- *500 g de courgettes*
- *1 poivron vert, 3 poivrons rouges*
- *4 blancs de poireaux*
- *4 carottes*
- *500 g de tomates*
- *2 navets*
- *300 g d'oignons + 1 gros*
- *4 fonds d'artichauts surgelés*
- *5 gousses d'ail*
- *300 g de semoule de couscous complète*
- *100 g de raisins secs blonds*
- *1 bouquet garni*
- *2 clous de girofle*
- *2 cuil. à soupe de ras-el-hanout*
- *1 piment oiseau*
- *1/2 cuil. à café de graines d'aneth*
- *1 cuil. à café de graines de coriandre*
- *3 cuil. à soupe d'huile d'olive*

Épluchez 300 g d'oignons et coupez-les en lamelles. Rincez 2 poivrons rouges, coupez-les en morceaux. Lavez les tomates, pelez-les et coupez-les en morceaux. Pelez 3 gousses d'ail et écrasez-les. Faites blondir les oignons et les poivrons à feu moyen dans une casserole. Ajoutez les tomates et l'ail. Salez et poivrez. Laissez cuire 1 h à feu doux sans couvrir.

Faites bouillir 30 cl d'eau, salez-la, versez-la sur la semoule, couvrez et laissez reposer 30 min. Rincez les courgettes et le reste des poivrons puis coupez-les en morceaux. Lavez les blancs de poireaux et coupez-les en tronçons de 2 cm. Pelez les carottes et les navets et coupez-les en morceaux.

Faites bouillir 1,5 litre d'eau dans la partie inférieure du couscoussier. Pelez le gros oignon et piquez-le des clous de girofle. Pelez les gousses d'ail restantes, coupez-les en deux, enfermez-les dans une boule à épices avec l'aneth, la coriandre et le piment.

Ajoutez 1 cuil. à soupe d'huile dans l'eau bouillante, le ras-el-hanout, l'oignon, le bouquet garni et la boule

à épices. Salez. Plongez les carottes, les navets et les fonds d'artichauts dans ce bouillon. Laissez reprendre l'ébullition et ajoutez les courgettes, les poivrons et les poireaux. Laissez cuire 10 min.

■ Faites tremper les raisins dans un bol d'eau chaude salée. Faites chauffer les pois chiches dans une casserole avec un peu d'eau.

■ Aérez la semoule avec une fourchette, mettez-la dans la partie supérieure du couscoussier, couvrez et laissez cuire 20 min.

■ Mixez la sauce tomate et versez-la dans une jatte. Servez avec la semoule, les légumes, le bouillon, les pois chiches et les raisins.

**POUR 4 PERSONNES**
**PRÉPARATION : 15 MIN**
**CUISSON : 45 MIN**
**DIFFICULTÉ : FACILE**
**COÛT : RAISONNABLE**

# Faux-filet à l'anglaise

- *600 g de faux-filet sans gras*
- *300 g de carottes nouvelles*
- *300 g de navets nouveaux*
- *1/2 chou frisé*
- *300 g de haricots verts très fins*
- *1 boîte de consommé de bœuf (300 g)*
- *2 cuil. à soupe de persil plat*
- *Poivre*

***Pour servir***

- *Des pickles*
- *2 cuil. à soupe de porto*

■ Épluchez les carottes, les navets et coupez-les en morceaux. Ôtez les côtes dures du chou, lavez-le et coupez-le en lanières. Équeutez et effilez les haricots verts et lavez-les.

■ Plongez le chou 5 min dans de l'eau bouillante.

■ Versez le consommé de bœuf dans une casserole. Ajoutez de l'eau afin d'obtenir 1 litre de liquide, portez à ébullition, jetez-y les carottes, les navets, le chou et laissez-les cuire 15 min. Ajoutez les haricots et laissez cuire encore 15 min. Lorsque les légumes sont tendres, retirez-les avec une écumoire et tenez-les au chaud.

■ Plongez la viande ficelée dans le liquide en ébullition. Laissez-la cuire de 15 à 20 min selon son épaisseur ; égouttez-la et coupez-la en tranches. Disposez-la sur un plat, entourez avec les légumes et poivrez. Parsemez de persil haché et servez avec des pickles.

■ Filtrez le bouillon de cuisson, réchauffez-le, ajoutez le porto et servez-le dans des bols.

**POUR 4 PERSONNES**
**PRÉPARATION : 30 MIN**
**CUISSON : 2 H**
**DIFFICULTÉ : FACILE**
**COÛT : RAISONNABLE**

# Rôti de veau aux légumes

- *700 g de veau (sous-noix) ficelé*
- *500 g de carottes*
- *250 g d'oignons*
- *4 côtes de céleri*
- *500 g de tomates*
- *3 gousses d'ail + 1 tête*
- *1 orange non traitée*
- *2 branches de thym*
- *1 cuil. à café de basilic séché*
- *3 cuil. à soupe de vinaigre*
- *20 cl de vin blanc*
- *1 feuille de laurier*
- *20 g de beurre*
- *Sel, poivre*

■ Faites tremper une cocotte en terre poreuse 15 min dans de l'eau froide. Épluchez et râpez les carottes et les oignons. Effilez le céleri, coupez-le en lamelles. Pelez les tomates, hachez-les au couteau. Pelez les 3 gousses d'ail et hachez-les. Râpez le zeste de l'orange et pressez le fruit. Séparez en gousses la tête d'ail mais ne les épluchez pas.

■ Égouttez la cocotte, sans l'essuyer. Mélangez-y tous les légumes, l'ail, le basilic et 1 branche de thym émiettée. Salez, poivrez. Posez la viande par-dessus, salez, poivrez. Frottez-la avec le reste du thym et le zeste d'orange. Versez le jus de l'orange, le vinaigre, le vin blanc et 10 cl d'eau sur les légumes. Cassez le laurier en deux et posez-le sur la viande.

■ Couvrez la cocotte et mettez-la dans le four froid. Faites cuire de 1 h 45 à 2 h, à 140 °C (th. 4).

■ Découpez la viande, disposez-la sur un plat. Ajoutez le beurre aux légumes et entourez-en la viande. Servez chaud.

POUR 4 PERSONNES
PRÉPARATION : 20 MIN
RÉFRIGÉRATION : 30 MIN
DIFFICULTÉ : TRÈS FACILE
COÛT : RAISONNABLE

# Galettes tartares

- *500 g de bifteck haché*
- *2 échalotes*
- *10 branches de persil plat*
- *2 jaunes d'œufs*
- *2 cuil. à soupe de câpres*
- *1/2 cuil. à café de sauce Worcestershire*
- *2 cuil. à soupe de cognac*
- *2 cuil. à soupe de tomato ketchup*
- *8 belles feuilles de salade*
- *1 bouquet de ciboulette*
- *1/2 cuil. à soupe de vinaigre*
- *1 cuil. à soupe d'huile*
- *Sel, poivre*

***Pour servir***

- *4 tomates*

Pelez les échalotes et hachez-les finement. Rincez le persil et la ciboulette et hachez-les séparément.

Mettez la viande dans une jatte. Ajoutez les échalotes, le persil, les jaunes d'œufs, les câpres, la sauce Worcestershire, le cognac, le tomato ketchup, du sel et du poivre. Mélangez soigneusement à la main et laissez reposer au frais pendant 30 min.

Lavez les tomates et coupez-les en quartiers. Mélangez l'huile et le vinaigre, puis arrosez-en les tomates. Salez-les légèrement et poivrez-les. Lavez et épongez la salade, puis tapissez-en un plat de service.

Séparez la viande en petites portions, roulez-les en boulettes de la taille d'une grosse noix. Aplatissez-les en forme de galettes et passez-les dans la ciboulette. Posez-les sur la salade. Entourez-les des tomates. Vous pouvez également déposer une galette tartare sur une rondelle de tomate. Servez immédiatement.

**VARIANTE**

Si vous en aimez le goût, employez plutôt de la viande de cheval, beaucoup moins grasse que la viande de bœuf. Faites hacher la viande devant vous, entreposez-la au réfrigérateur jusqu'au moment de l'utiliser et ce le jour même de l'achat.

**POUR 6 PERSONNES**
**PRÉPARATION : 15 MIN**
**REPOS : 3 H**
**CUISSON : 1 H 15**
**DIFFICULTÉ : FACILE**
**COÛT : RAISONNABLE**

# Poulet au citron vert

- *1 poulet de 1,5 kg*
- *4 citrons verts*
- *6 branches de persil*
- *6 feuilles de sauge*
- *6 branches d'estragon*
- *1 bouquet de ciboulette*
- *25 cl de vin blanc sec*
- *1 piment sec*
- *2 carottes*
- *2 oignons*
- *2 cuil. à soupe de crème fraîche*
- *2 cuil. à soupe d'huile d'olive*
- *1 cuil. à café de sucre*
- *Sel, poivre*

***Pour servir***

- *1 citron vert*

Rincez le persil, la sauge, l'estragon, la ciboulette, épongez-les et hachez-les. Lavez 1 citron, prélevez-en le zeste. Pressez ce citron et 3 autres pour obtenir 20 cl de jus. Découpez le poulet en 8 ou 10 morceaux.

Versez le vin, le jus des citrons et la moitié de l'huile dans un plat creux. Ajoutez les herbes, le piment, du poivre et les morceaux de poulet. Mélangez. Laissez 3 h au frais.

Préchauffez le four à 200 °C (th. 6-7). Pelez oignons et carottes, et hachez-les très finement. Faites-les blondir 5 min dans une poêle avec le reste d'huile. Poudrez de sucre et faites caraméliser.

Versez carottes et oignons dans un plat à four, posez le poulet dessus. Salez, enfournez et laissez cuire 1 h. Filtrez la marinade au-dessus d'une casserole et faites-la bouillir 10 min à feu vif.

Quand le poulet est cuit, versez son jus et les légumes dans la casserole. Ajoutez la crème fraîche, le zeste de citron et laissez cuire 2 min. Pelez 1 citron vert à vif, coupez la pulpe en dés, garnissez-en le poulet. Servez avec la sauce.

**POUR 2 PERSONNES**
**PRÉPARATION ET CUISSON : 10 MIN**
**DIFFICULTÉ : TRÈS FACILE**
**COÛT : CHER**

# Tournedos aux raisins

- *2 tournedos de 150 g chacun*
- *2 cuil. à dessert de raisins secs blonds*
- *1 cuil. à soupe de cognac*
- *1/2 cuil. à café de vinaigre de vin*
- *1 cuil. à soupe de crème fraîche*
- *1/2 cuil. à café de moutarde de Dijon*
- *2 pincées de curry*
- *Sel, poivre*

***Pour servir***

- *1 courgette*

Rincez les raisins, mettez-les dans une tasse avec le cognac et le vinaigre.

Faites chauffer une poêle à revêtement antiadhésif, puis faites cuire les tournedos à feu vif de 2 à 3 min de chaque côté selon que vous aimez la viande saignante ou non.

Retirez la viande à l'aide d'une spatule, mettez un tournedos dans chaque assiette chaude. Salez et poivrez.

Versez les raisins et le cognac dans la poêle. Ajoutez la crème fraîche, la moutarde et le curry, mélangez rapidement. Nappez la viande avec la sauce et les raisins, et servez sans attendre.

**CONSEIL**

Accompagnez ces tournedos de tagliatelles de courgettes cuites à la vapeur. Pour une présentation originale, enroulez chaque tournedos de tagliatelles de courgettes crues.

**POUR 4 PERSONNES**
**PRÉPARATION ET CUISSON : 1 H**
**DIFFICULTÉ : FACILE**
**COÛT : RAISONNABLE**

# Poulet grillé aux poivrons

- *4 cuisses entières de poulet*
- *3 poivrons rouges*
- *2 poivrons verts*
- *300 g d'oignons frais*
- *1 cuil. à soupe de crème fraîche*
- *1 cuil. à café de vinaigre*
- *1 cuil. à café de thym*
- *1 cuil. à soupe d'huile d'olive*
- *2 pincées de sucre*
- *Sel, poivre*

■ Glissez les poivrons à 12 cm de la rampe du gril et laissez-les griller 20 min, jusqu'à ce que la peau soit noire et grillée de tous les côtés.

■ Pelez les oignons et coupez-les en quatre. Mettez-les dans le compartiment perforé d'un cuit-vapeur, puis couvrez et laissez-les cuire 15 min.

■ Retirez la graisse du poulet. Frottez les cuisses avec le thym. Salez et poivrez. Posez-les dans un plat allant au four. Glissez-le à 15 cm du gril et faites cuire le poulet 30 min en le retournant à mi-cuisson.

■ Pelez les poivrons, ôtez-en les graines, coupez-les en lanières. Faites chauffer l'huile dans une sauteuse. Mettez-y les poivrons, 1 pincée de sucre et le vinaigre, et réchauffez-les 3 ou 4 min. Salez légèrement.

■ Passez les oignons au mixeur. Ajoutez 1 pincée de sucre et la crème, puis salez et poivrez.

■ Disposez le poulet et les poivrons sur un plat. Jetez la graisse du plat de cuisson du poulet, versez-y la sauce aux oignons et grattez 1 min à feu doux avec une spatule. Versez en saucière, servez chaud.

**POUR 4 PERSONNES**
**PRÉPARATION : 20 MIN**
**CUISSON : 1 H 15**
**DIFFICULTÉ : FACILE**
**COÛT : RAISONNABLE**

# Pintade à la compote d'aubergines

- *1 pintade de 1,2 kg avec les abattis et le foie à part*
- *700 g d'aubergines*
- *125 g d'échalotes*
- *1 branche de thym + 1 pincée*
- *1 feuille de laurier*
- *1/2 cuil. à café de cannelle*
- *1 pincée de girofle en poudre*
- *1 œuf*
- *5 cuil. à soupe de vinaigre de vin*
- *Sel, poivre*

***Pour servir***

- *Quelques rondelles d'aubergines*

Faites tremper une cocotte en terre poreuse 15 min dans de l'eau froide. Épluchez les aubergines, puis coupez-les en rondelles épaisses. Pelez les échalotes et hachez-les. Mettez 1 bonne pincée d'échalote à l'intérieur de la pintade ainsi que la branche de thym, le laurier, du sel et du poivre.

Égouttez la cocotte. Mettez au fond la tête, le cou, les ailerons et le gésier de la pintade. Ajoutez les aubergines et le reste des échalotes, poudrez-les de cannelle, de girofle et de thym. Salez, poivrez. Arrosez avec le vinaigre. Posez la pintade sur ce lit, couvrez, glissez la cocotte dans le four froid et laissez cuire 1 h à 170 °C (th. 5-6).

Découpez la volaille et rangez les morceaux sur un plat entourés de quelques rondelles d'aubergines. Passez les aubergines, l'œuf et le foie cru de la pintade au mixeur. Ajoutez le jus de cuisson. Versez en saucière et servez chaud.

**CONSEIL**

Si la pintade est un peu grasse, ôtez la graisse apparente avant la cuisson. Notez qu'il vaut mieux payer plus cher une volaille Label rouge élevée en plein air, elle se révélera plus savoureuse et moins aqueuse.

**POUR 4 PERSONNES**
**PRÉPARATION : 10 MIN**
**CUISSON : 45 MIN**
**DIFFICULTÉ : TRÈS FACILE**
**COÛT : RAISONNABLE**

# Lapin rôti à la moutarde

- *Le râble et les pattes arrière d'un lapin*
- *2 grosses cuil. à soupe de moutarde forte*
- *1/2 cuil. à café d'herbes de Provence*
- *2 cuil. à soupe de cassonade*
- *1 cuil. à soupe de vinaigre*
- *3 cuil. à soupe de prunelle de Bourgogne (liqueur de noyau)*
- *Sel, poivre*

■ Préchauffez le four à 170 °C (th. 5-6). Coupez le lapin en 4 morceaux. Frictionnez-les avec les herbes de Provence. Salez-les et poivrez-les un peu. Mélangez ensuite la moutarde et la cassonade, et badigeonnez-en le lapin.

■ Versez le vinaigre et la prunelle de Bourgogne dans un plat à rôtir. Posez-y le lapin. Couvrez d'aluminium ménager. Glissez au four et laissez cuire pendant 45 min.

■ Lorsque le lapin est cuit, posez-le sur un plat de service. Versez 10 cl d'eau bouillante dans le plat de cuisson et grattez avec une spatule en bois pour dissoudre les sucs. Versez en saucière et servez très chaud.

**CONSEIL**

Le lapin est une des viandes les plus maigres qui soient.

POUR 6 PERSONNES
PRÉPARATION : 30 MIN
CUISSON : 50 MIN
DIFFICULTÉ : FACILE
COÛT : CHER

# Carré d'agneau rôti aux poivrons rouges et aux pleurotes

- *1 carré d'agneau d'environ 1,2 kg*
- *50 g de jambon de Bayonne*
- *4 gros poivrons rouges*
- *600 g de pleurotes*
- *100 g d'oignons rouges*
- *1/4 de tablette de bouillon de poule dégraissé*
- *1 cuil. à soupe de vinaigre de Xérès*
- *2 gousses d'ail hachées*
- *1/2 cuil. à café de sucre*
- *2 branches de thym*
- *2 cuil. à soupe de madère*
- *1 cuil. à soupe d'huile d'olive*
- *Fleur de sel*
- *Sel, poivre*

Lavez les poivrons, glissez-les sous le gril. Laissez-les griller de tous côtés jusqu'à ce que leur peau brunisse et se boursoufle, en les tournant au fur et à mesure. Pelez les poivrons, retirez le pédoncule et les pépins, coupez la pulpe en morceaux. Faites chauffer le four à 220 °C (th. 7).

Pelez 1 gousse d'ail et hachez-la. Épluchez les oignons, coupez-les en lamelles, faites-les fondre dans une sauteuse à revêtement antiadhésif, avec la moitié de l'huile. Ajoutez les poivrons, la tablette de bouillon, 10 cl d'eau, le vinaigre, l'ail, le sucre, du sel et du poivre. Couvrez et laissez mijoter 30 min à feu doux.

Parsemez la viande de thym, mettez au four et laissez cuire 30 min.

Coupez les pleurotes en lamelles. Coupez le jambon en petits morceaux. Pelez la deuxième gousse d'ail et passez-la au presse-ail.

Mettez le reste de l'huile à chauffer dans une poêle à revêtement antiadhésif, ajoutez les pleurotes et le

jambon, faites revenir 10 min à feu vif. Ajoutez l'ail, puis laissez cuire 5 min. Salez et poivrez. Ajoutez le madère.

■ Déposez la viande sur un plat chaud et parsemez-la de fleur de sel. Dégraissez son jus de cuisson, ajoutez 3 à 4 cuil. à soupe d'eau chaude dans le plat et faites bouillir en grattant avec une spatule.

■ Entourez la viande avec les champignons. Présentez les poivrons et la sauce à part.

**CONSEIL**

L'agneau est une viande riche en acides gras saturés à consommer avec modération !

**POUR 4 PERSONNES**
**PRÉPARATION : 15 MIN**
**CUISSON : 1 H 30**
**DIFFICULTÉ : DIFFICILE**
**COÛT : RAISONNABLE**

# Aubergines farcies au bœuf

- *400 g de bifteck haché à 5 % de matière grasse*
- *4 aubergines de 250 g*
- *500 g de tomates*
- *2 échalotes*
- *2 gousses d'ail*
- *4 branches de persil plat*
- *2 pincées de quatre-épices*
- *Sel, poivre*

Faites chauffer le four à 170 °C (th. 5-6). Ôtez le pédoncule des aubergines. Lavez les aubergines, fendez-les d'un bout à l'autre sans séparer totalement les deux moitiés, puis entrouvrez-les et entaillez la chair avec un couteau. Salez et poivrez.

Pelez l'ail et les échalotes. Hachez-les ainsi que les feuilles du persil. Ajoutez-les à la viande, salez, poivrez, poudrez de quatre-épices et mélangez.

Introduisez la préparation à la viande dans les aubergines, puis disposez-les bien serrées dans un plat.

Lavez les tomates et coupez-les en tranches épaisses. Recouvrez les aubergines de ces tranches. Salez et poivrez à votre convenance. Mettez au four et laissez cuire 1 h 30.

**CONSEIL**

Achetez de préférence de la viande hachée à 5 % de matière grasse pour réduire le plus possible les acides gras saturés apportés par la viande.

**POUR 5 PERSONNES**
**PRÉPARATION : 20 MIN**
**CUISSON : 1 H 45**
**DIFFICULTÉ : FACILE**
**COÛT : RAISONNABLE**

# Carré de porc en cocotte

- *1 carré de côtes de 1 kg (avec les os)*
- *3 gousses d'ail*
- *1 mangue*
- *3 pommes cox orange*
- *300 g d'oignons*
- *2 cuil. à café de curry*
- *1 branche de thym*
- *2 cuil. à soupe de vinaigre de vin*
- *2 feuilles de laurier*
- *Sel, poivre*

Faites tremper une cocotte en terre poreuse 15 min dans de l'eau froide. Pelez les gousses d'ail et hachez-en 2. Pelez la mangue et coupez-la en dés. Pelez les pommes et coupez-les en lamelles épaisses. Épluchez les oignons et coupez-les en fines lamelles.

Ôtez toute la graisse apparente de la viande. Coupez la dernière gousse d'ail en éclats fins et piquez-les dans la viande à intervalles réguliers à l'aide d'un couteau pointu. Frottez la viande avec 1 cuil. à café de curry, salez-la et poivrez-la.

Égouttez la cocotte. Mélangez-y la mangue, les pommes, les oignons, l'ail haché, le reste du curry, du sel et du poivre. Émiettez dessus la branche de thym, mélangez, puis ajoutez le vinaigre.

Posez la viande côté os sur les légumes, mettez le laurier dessus. Couvrez la cocotte, mettez-la dans le four froid, et laissez cuire 1 h 45 à 170 °C (th. 5-6).

Lorsque la viande est cuite, coupez-la en tranches, disposez-la sur un plat, versez les légumes et servez.

**POUR 6 PERSONNES**
**PRÉPARATION : 25 MIN**
**CUISSON : 1 H 15**
**DIFFICULTÉ : FACILE**
**COÛT : RAISONNABLE**

# Rôti de veau aux carottes glacées

- *1 kg de quasi de veau non bardé*
- *2 bottes de petits oignons nouveaux*
- *1/2 tablette de bouillon de poule dégraissé*
- *3 pincées de noix muscade*
- *1 cuil. à soupe de vinaigre*
- *2 cuil. à soupe de porto*
- *1 cuil. à soupe d'huile*
- *Sel, poivre*

***Pour les carottes***

- *800 g de carottes*
- *2 gousses d'ail*
- *1/2 tablette de bouillon de poule dégraissé*
- *1/2 cuil. à café de sucre*
- *1 branche de thym*
- *1 feuille de laurier*

Mettez l'huile à chauffer dans une sauteuse à fond épais et antiadhésif. Faites-y revenir la viande de tous côtés, à feu moyen. Épluchez les oignons, rincez-les et mettez-les autour du rôti. Salez et poivrez, poudrez de noix muscade et émiettez le bouillon.

Versez le vinaigre et 3 cuil. à soupe d'eau chaude dans la sauteuse. Couvrez et laissez cuire à feu doux pendant 1 h, jusqu'à ce que la viande soit tendre. Préparez les carottes : grattez-les, coupez-les en biseau, en rondelles d'environ 1 cm d'épaisseur. Épluchez l'ail, retirez le germe central.

Mettez les carottes dans une casserole et passez l'ail au presse-ail au-dessus. Émiettez le bouillon sur les légumes, poudrez-les de sucre, ajoutez le thym et le laurier et versez 15 cl d'eau. Portez à ébullition, couvrez à demi et laissez cuire 20 min. Découvrez alors la casserole et laissez évaporer le liquide.

Lorsque la viande est cuite, déposez-la sur un plat. Versez le porto dans la sauteuse, mélangez en grattant le fond du récipient avec une spatule en bois. Versez ce jus sur la viande. Rangez les carottes autour du veau.

**POUR 4 PERSONNES**
**PRÉPARATION : 15 MIN**
**MARINADE : 2 H**
**CUISSON : 50 MIN**
**DIFFICULTÉ : FACILE**
**COÛT : BON MARCHÉ**

# Cuisses de poulet à l'indienne

- *4 hauts de cuisse de poulet fermier*
- *1 1/2 citron*
- *4 cuil. à soupe de yaourt maigre*
- *4 branches de thym*
- *2 cuil. à café de curry*
- *1 poivron rouge*
- *2 courgettes*
- *2 gousses d'ail*
- *2 cuil. à dessert d'huile d'olive*
- *Sel, poivre*

■ Pressez les citrons. Mélangez le jus obtenu avec le yaourt, la moitié du thym effeuillé, le curry et du sel.

■ Retirez la peau des cuisses de poulet. Mettez le poulet dans un plat en porcelaine à feu, enrobez-le du mélange au yaourt et laissez mariner 2 h.

■ Faites chauffer le four à 200 °C (th. 6-7). Ôtez le pédoncule, les graines et les filaments blancs du poivron. Lavez-le et coupez-le en petits dés.

■ Versez un filet d'huile sur chaque cuisse de poulet, entourez le poulet avec les dés de poivron, mettez au four et laissez cuire pendant 50 min.

■ Pelez les courgettes, coupez-les en deux parallèlement à la longueur. Pelez l'ail, coupez-le en lamelles fines et piquez régulièrement les demi-courgettes avec ces lamelles.

■ Placez les courgettes dans un plat à four, badigeonnez-les d'huile d'olive à l'aide d'un pinceau, salez et poivrez. Parsemez-les avec le reste du thym effeuillé, mettez au four et laissez cuire 40 min.

**POUR 4 PERSONNES**
**PRÉPARATION : 25 MIN**
**MARINADE : 1 H**
**CUISSON : 25 MIN**
**DIFFICULTÉ : FACILE**
**COÛT : RAISONNABLE**

# Brochettes au beurre de moutarde, écrasée de panais et tagliatelles de carottes

- *400 g de bifteck épais*
- *1 échalote*
- *1 cuil. à soupe de thym émietté*
- *30 g de beurre*
- *700 g de panais*
- *2 grosses carottes*
- *2 cuil. à soupe de moutarde moyennement forte*
- *1 cuil. à café d'estragon frais haché*
- *2 cuil. à soupe d'huile d'olive*
- *Sel*

■ Coupez la viande en cubes d'environ 2,5 cm de côté. Pelez l'échalote et hachez-la. Mettez le tout avec le thym et l'huile dans une petite terrine. Mélangez, couvrez et laissez mariner 1 h au frais.

■ Laissez le beurre ramollir à température ambiante. Pelez les panais et coupez-les en petits tronçons. Faites-les cuire 20 min dans de l'eau bouillante.

■ Pelez les carottes et taillez-les en tagliatelles avec un couteau économe. Faites-les cuire 10 min dans de l'eau bouillante salée.

■ À l'aide d'une fourchette, travaillez le beurre avec la moutarde. Incorporez l'estragon. Égouttez les panais et écrasez-les à la fourchette. Égouttez les tagliatelles de carottes.

■ Faites chauffer un gril de contact. Embrochez la viande sur 4 brochettes en bois. Faites cuire la viande à feu vif, 1 min de chaque côté pour une viande saignante. Déposez les brochettes sur les assiettes. Enduisez-les de beurre de moutarde. Servez chaud avec les panais et les carottes.

POUR 4 PERSONNES
PRÉPARATION : 15 MIN
CUISSON : 1 H
DIFFICULTÉ : FACILE
COÛT : BON MARCHÉ

# Poulet au fenouil et à l'aneth

- *4 beaux morceaux de poulet*
- *2 petits bulbes de fenouil*
- *1/2 boîte de champignons en morceaux*
- *1 jaune d'œuf*
- *3 branches d'aneth*
- *Quelques gouttes de jus de citron*
- *1 cuil. à soupe d'huile d'olive*
- *Sel, poivre*

Salez et poivrez les morceaux de poulet des deux côtés. Supprimez les tiges et la base dure du fenouil. Coupez les bulbes en bâtonnets, verticalement.

Mettez l'huile à chauffer dans une sauteuse à revêtement antiadhésif et à fond épais. Faites dorer les morceaux de poulet de tous côtés. Versez 4 cuil. à soupe d'eau et grattez le fond du récipient avec une spatule en bois. Ajoutez le fenouil, salez et poivrez. Couvrez et laissez cuire pendant 45 min à feu doux.

Égouttez les champignons et rincez-les sous l'eau tiède. Ajoutez-les dans la sauteuse et laissez cuire encore 10 à 15 min. Rincez l'aneth, retirez les grosses branches et hachez finement le reste avec des ciseaux.

Déposez le poulet dans un plat creux. Délayez le jaune d'œuf avec quelques gouttes de jus de citron et 3 cuil. à soupe du jus de cuisson. Versez dans la sauteuse et mélangez pendant 1 min sans laisser bouillir. Ajoutez l'aneth, versez sur le poulet et servez.

**CONSEIL**

Retirez la graisse apparente du poulet. Ajustez le temps de cuisson en fonction de la grosseur des morceaux de volaille.

POUR 6 PERSONNES
PRÉPARATION : 15 MIN
MARINADE : 3 H
CUISSON : 1 H
DIFFICULTÉ : TRÈS FACILE
COÛT : RAISONNABLE

# Poulet au citron

- *1 poulet*
- *2 citrons*
- *100 g d'orge perlé*
- *4 courgettes*
- *3 cuil. à café de purée d'ail en pot*
- *3 cuil. à soupe d'huile d'olive*
- *Sel, poivre*

Brossez les citrons sous l'eau chaude, essuyez-les et râpez leur zeste au-dessus d'un plat à gratin. Coupez les citrons en deux et pressez-les. Ajoutez leur jus dans le plat avec 2 cuil. à soupe d'huile d'olive.

Coupez le poulet en 6 morceaux, salez-les, poivrez-les, roulez-les dans le mélange précédent, mettez-les sur une seule couche et laissez-les mariner 3 h au frais.

Préchauffez le four à 200 °C (th. 6-7). Pendant ce temps, rincez l'orge et faites-le tremper 10 min dans de l'eau froide. Enfournez le plat de poulet à mi-hauteur et laissez cuire 50 min.

Faites bouillir 50 cl d'eau salée. Égouttez l'orge, versez-le dans l'eau bouillante, couvrez et laissez cuire à feu doux 40 min. Pendant ce temps, pelez les courgettes et coupez-les en deux, de haut en bas.

Faites chauffer le reste de l'huile dans une poêle. Saisissez-y les courgettes 2 min de chaque côté, salez-les. Laissez-les cuire 20 min à feu doux, en les retournant à mi-cuisson.

Tartinez la face plane des courgettes avec la purée d'ail, déposez-les sur l'orge et servez avec le poulet.

**POUR 4 PERSONNES**
**PRÉPARATION : 25 MIN**
**CUISSON : 1 H**
**DIFFICULTÉ : FACILE**
**COÛT : RAISONNABLE**

# Blanc de dinde aux poivrons

- *600 g de blanc de dinde*
- *2 poivrons rouges*
- *2 poivrons verts*
- *3 gros oignons*
- *6 gousses d'ail*
- *1 branche de thym*
- *1 feuille de laurier*
- *1 cuil. à café de paprika*
- *3 cuil. à soupe de vin blanc*
- *1 cuil. à café de miel*
- *1 cuil. à café de ketchup*
- *2 cuil. à soupe d'huile d'olive*
- *Sel, poivre*

■ Coupez les poivrons en quatre, ôtez le pédoncule et les graines. Pelez-les au couteau économe. Recoupez-les en morceaux. Épluchez les oignons et coupez-les en rondelles.

■ Chauffez 1 cuil. à soupe d'huile dans une casserole. Faites-y fondre les oignons 5 min. Ajoutez les poivrons, l'ail non épluché, le thym et le laurier. Salez. Laissez cuire 5 min à feu vif.

■ Coupez la viande en gros cubes. Faites chauffer le reste de l'huile dans une sauteuse. Faites-y dorer la viande de tous côtés, salez et poivrez, poudrez de paprika, mélangez, versez le vin blanc, grattez le fond du récipient avec une spatule.

■ Ajoutez le contenu de la casserole dans la sauteuse. Réduisez le feu, couvrez et laissez cuire doucement pendant 50 min.

■ Ôtez le thym et le laurier. Prélevez les gousses d'ail, appuyez dessus pour faire sortir la pulpe, remettez-la dans la sauteuse, ajoutez le miel et le ketchup, mélangez, servez chaud.

**POUR 6 PERSONNES**
**PRÉPARATION : 30 MIN**
**CUISSON : 1 H 20**
**DIFFICULTÉ : FACILE**
**COÛT : RAISONNABLE**

# Estouffade de lapin aux épices

- *1 lapin coupé en morceaux*
- *2 tranches de bacon*
- *4 tomates*
- *500 g d'oignons*
- *2 gousses d'ail écrasées*
- *4 gousses de cardamome*
- *1 cuil. à soupe de curry*
- *1 bâton de cannelle*
- *1 branche de thym*
- *1 feuille de laurier*
- *15 cl de vin rouge*
- *3 cuil. à soupe d'huile d'olive*
- *1 cuil. à café de sucre*
- *Sel, poivre*

***Pour l'accompagnement***

- *4 petites courgettes*
- *1 gros poivron rouge*
- *1 gousse d'ail*
- *1 cuil. à soupe d'huile d'olive*
- *Sel*

■ Salez et poivrez le lapin. Coupez le bacon en lanières. Pelez et hachez les tomates. Épluchez les oignons et coupez-les en rondelles fines. Écrasez les gousses de cardamome et pilez les grains dans un mortier.

■ Chauffez l'huile dans une cocotte et faites-y blondir le lapin de tous côtés. Retirez-le et mettez les oignons. Laissez-les blondir à feu doux.

■ Ajoutez le bacon, les tomates, le sucre, l'ail, le curry, la cannelle, la cardamome, le thym et le laurier. Versez le vin rouge. Portez à ébullition. Salez et poivrez. Remettez le lapin. Couvrez et laissez cuire 1 h à feu très doux, en retournant à mi-cuisson.

■ Pelez les courgettes et coupez-les en dés. Rincez le poivron, ôtez le pédoncule et les graines, coupez-le en dés. Pelez l'ail et passez-le au presse-ail. Faites revenir les courgettes et le poivron dans une sauteuse avec 1 cuil. à soupe d'huile, salez, parsemez d'ail, couvrez et laissez cuire 20 min à feu très doux.

■ Ôtez le thym, le laurier et la cannelle. Servez avec les courgettes à part.

POUR 4 PERSONNES
PRÉPARATION : 30 MIN
REPOS : 1 H
CUISSON : 1 H 45
DIFFICULTÉ : FACILE
COÛT : RAISONNABLE

# Épaule de veau aux aubergines

- *600 g d'épaule de veau coupée en gros cubes*
- *3 aubergines*
- *2 belles tomates*
- *2 gousses d'ail*
- *3 gros oignons*
- *4 branches de persil plat*
- *1 feuille de laurier*
- *3/4 de cuil. à café de quatre-épices*
- *1 cuil. à soupe de basilic haché*
- *2 cuil. à soupe d'huile d'olive*
- *Sel, poivre*

■ Ôtez le pédoncule des aubergines. Pelez-les et coupez-les en bâtonnets de l'épaisseur d'un doigt. Mettez-les dans une passoire, poudrez-les de sel et laissez-les dégorger pendant 1 h.

■ Pelez les oignons et hachez-les finement. Faites chauffer 1 cuil. à soupe d'huile dans une sauteuse et faites revenir la viande et les oignons.

■ Pelez l'ail et passez-le au presse-ail. Pelez les tomates, ôtez-en les pépins et le jus, hachez-les. Rincez le persil, liez-le en bouquet. Ajoutez ces ingrédients dans la sauteuse avec le laurier. Salez, poivrez. Saupoudrez de quatre-épices. Mélangez. Couvrez et laissez cuire 1 h à feu doux.

■ Faites chauffer le reste de l'huile dans une poêle à revêtement antiadhésif. Faites-y dorer les aubergines 15 min. Ajoutez-les à la viande, mélangez et laissez cuire encore 30 min.

■ Mettez le contenu de la sauteuse dans un plat, ôtez les branches de persil, le laurier et parsemez de basilic. Servez chaud.

**POUR 4 PERSONNES**
**PRÉPARATION : 25 MIN**
**REPOS : 30 MIN**
**CUISSON : 40 MIN**
**DIFFICULTÉ : FACILE**
**COÛT : RAISONNABLE**

# Palets mixtes grillés

- *250 g de bifteck haché*
- *250 g d'agneau haché*
- *10 cm de pain parisien rassis*
- *2 oignons*
- *1 gousse d'ail*
- *1 cuil. à soupe de moutarde*
- *1/2 cuil. à café d'origan ou de thym*
- *1 cuil. à dessert d'huile d'olive*
- *Sel, poivre*

***Pour l'accompagnement***
- *700 g de pommes de terre*
- *1 gousse d'ail*
- *2 citrons*
- *1 feuille de laurier*
- *1 cuil. à soupe d'aneth haché*
- *1 cuil. à soupe d'huile d'olive*
- *Sel, poivre*

Mettez le pain dans de l'eau froide. Pelez les oignons et hachez-les finement. Pelez l'ail et passez-le au presse-ail. Essorez la mie de pain.

Mettez les viandes, les oignons, l'ail, l'origan ou le thym et la moutarde dans un saladier. Salez et poivrez. Ajoutez la mie de pain et malaxez bien le tout. Couvrez et laissez reposer au frais 30 min.

Épluchez les pommes de terre, lavez-les et coupez-les en frites épaisses. Pelez l'ail, hachez-le. Brossez 1 citron et râpez son zeste. Pressez les 2 citrons. Mettez les pommes de terre dans une casserole avec l'ail, le laurier, le jus et le zeste de citron, l'huile d'olive, du sel et du poivre. Versez 25 cl d'eau, couvrez et laissez cuire 40 min à feu doux.

Façonnez la viande en 8 boulettes, puis aplatissez-les en forme de palets. Huilez-les. Faites cuire les palets sous le gril du four 2 min de chaque côté : l'extérieur doit être un peu croustillant et doré et l'intérieur doit rester moelleux. Servez avec les pommes de terre parsemées d'aneth.

POUR 6 PERSONNES
PRÉPARATION : 30 MIN
CUISSON : 2 H 30
DIFFICULTÉ : FACILE
COÛT : RAISONNABLE

# Agneau aux légumes rôtis

- *800 g d'épaule d'agneau sans os*
- *2 courgettes*
- *1 aubergine*
- *200 g de haricots verts*
- *250 g de pommes de terre*
- *2 poivrons*
- *6 petits oignons nouveaux*
- *5 tomates*
- *1 tête d'ail à grosses gousses*
- *1 cuil. à café de cumin vert en poudre*
- *2 branches de thym*
- *1 feuille de laurier*
- *Quelques feuilles de céleri en branches*
- *2 cuil. à soupe d'huile d'olive*
- *Sel, poivre*

■ Rincez les courgettes et l'aubergine, coupez-les en petits dés. Équeutez les haricots verts, lavez-les et coupez-les en tronçons de 2 cm. Pelez les pommes de terre, lavez-les et coupez-les en dés. Rincez les poivrons, ôtez-en le pédoncule et les graines, coupez la pulpe en petits carrés. Épluchez les oignons et hachez-les au couteau. Pelez 2 tomates et hachez-les. Séparez les gousses d'ail, ne les épluchez pas.

■ Préchauffez le four à 140 °C (th. 4). Coupez la viande en morceaux d'environ 4 cm de côté. Salez-la, poivrez-la et enrobez-la de cumin.

■ Mélangez tous les légumes préparés avec le thym, le laurier en petits morceaux, du sel et du poivre. Étalez-en la moitié dans un grand plat à gratin. Versez 3 cuil. à soupe d'eau. Déposez la viande par-dessus. Recouvrez avec l'autre moitié des légumes.

■ Lavez le reste des tomates, coupez-les en tranches et couvrez-en les légumes. Posez par-dessus les feuilles de céleri. Arrosez avec l'huile d'olive. Laissez cuire 2 h 30 au four. Ôtez le céleri et servez chaud.

**POUR 4 PERSONNES**
**PRÉPARATION ET CUISSON : 15 MIN**
**DIFFICULTÉ : FACILE**
**COÛT : BON MARCHÉ**

# Lieu jaune aux câpres

- *4 tranches de lieu jaune de 150 g chacune*
- *2 cuil. à soupe de câpres*
- *1 feuille de laurier*
- *1 yaourt velouté*
- *1 jaune d'œuf*
- *2 cuil. à soupe de jus de citron*
- *1 cuil. à soupe de persil plat haché*
- *1 cuil. à soupe de ciboulette hachée*
- *3 grains de poivre*
- *Sel, poivre*

■ Rincez les tranches de lieu sous l'eau courante. Posez-les côte à côte dans une grande sauteuse. Ajoutez le laurier et le poivre. Salez. Couvrez d'eau froide. Faites chauffer à feu doux et laissez frémir pendant 10 min.

■ Pendant ce temps, faites tiédir le yaourt à feu doux dans une petite casserole. Salez et poivrez. Mélangez le jaune d'œuf et le jus de citron. Versez-les dans la casserole en fouettant vivement et continuez à fouetter, jusqu'à ce que la sauce frémisse à peine. Ajoutez les câpres, le persil et la ciboulette.

■ Égouttez le poisson avec une spatule à fentes. Disposez-le sur un plat de service, puis nappez de sauce et servez sans attendre.

**CONSEILS**

Si vous possédez un four à micro-ondes, vous pouvez y faire chauffer le yaourt à pleine puissance pendant 30 s sans risque de le voir se décomposer. Le lieu jaune a une chair plus fine que le lieu noir.

POUR 4 PERSONNES
PRÉPARATION : 15 MIN
CUISSON : 35 MIN
DIFFICULTÉ : FACILE
COÛT : CHER

# Lotte au fenouil

- *800 g de lotte*
- *1 oignon*
- *250 g de carottes*
- *750 g de fenouil*
- *10 cl de vin blanc sec*
- *1 cuil. à café de curry*
- *10 g de beurre*
- *1 cuil. à soupe d'huile d'olive*
- *Sel, poivre*

Pelez et hachez finement l'oignon. Épluchez les carottes, puis coupez-les en bâtonnets très fins. Ôtez les tiges et la base dure des bulbes de fenouil. Coupez les bulbes en lamelles.

Lavez, épongez, puis coupez la lotte en 8 morceaux. Faites-les revenir à feu vif, 3 min de chaque côté, dans une sauteuse à revêtement antiadhésif. Retirez-les avec une écumoire et laissez-les en attente sur une assiette. Jetez le jus de la sauteuse.

Faites chauffer l'huile dans la sauteuse. Ajoutez l'oignon, le fenouil, les carottes et 2 cuil. à soupe d'eau. Couvrez et laissez cuire à feu doux 10 min, en remuant de temps en temps.

Ajoutez le curry, du sel et du poivre. Arrosez avec le vin blanc et mélangez. Placez les morceaux de lotte sur les légumes, salez-les et poivrez-les. Couvrez et laissez cuire à feu très doux 20 min.

Déposez la lotte dans un plat. Ajoutez le beurre aux légumes, mélangez, disposez-les autour du poisson et servez.

**POUR 4 PERSONNES**
**PRÉPARATION ET CUISSON : 20 MIN**
**DIFFICULTÉ : FACILE**
**COÛT : CHER**

# Gambas sautées

- *20 grosses gambas*
- *2 carottes*
- *4 blancs de poireaux*
- *2 branches de céleri*
- *1 pincée de thym*
- *3 cuil. à soupe de cognac*
- *2 cuil. à soupe de jus de citron*
- *1 cuil. à soupe de crème fraîche épaisse*
- *1 pincée de piment*
- *Sel, poivre*

■ Pelez les carottes, passez-les sur une grosse râpe. Nettoyez les blancs de poireaux, coupez-les en quatre et recoupez-les en lamelles. Effilez et lavez le céleri, mettez les feuilles de côté et hachez finement les côtes.

■ Placez les carottes, poireaux, côtes et feuilles de céleri dans une casserole à revêtement antiadhésif. Ajoutez le thym et 2 cuil. à soupe d'eau, couvrez et laissez cuire à feu très doux 20 min.

■ Rincez les gambas. Faites-les sauter à feu vif dans une sauteuse à revêtement antiadhésif jusqu'à ce qu'elles changent de couleur. Arrosez avec le cognac et flambez.

■ Mettez les gambas sur un plat. Jetez les feuilles de céleri. Versez les légumes dans la sauteuse, ajoutez le jus de citron, la crème et le piment. Salez et poivrez. Mélangez 2 min.

■ Versez les légumes au milieu des gambas et servez.

**POUR 4 PERSONNES**
**PRÉPARATION : 15 MIN**
**CUISSON : 1 H**
**DIFFICULTÉ : FACILE**
**COÛT : BON MARCHÉ**

# Saumonette sauce rouge

- *700 g de saumonette*
- *3 oignons*
- *2 poivrons rouges*
- *2 cuil. à soupe de concentré de tomates*
- *1/2 cuil. à café de curry*
- *2 pincées de semoule d'ail*
- *1 cuil. à soupe d'huile d'olive*
- *2 pincées de sucre*
- *Sel, poivre*

***Pour servir***

- *1 cuil. à soupe de persil plat haché*

■ Épluchez les oignons, hachez-les finement. Lavez les poivrons, ôtez le pédoncule, les graines et les filaments blancs, coupez la pulpe en carrés.

■ Faites chauffer l'huile dans une sauteuse à revêtement antiadhésif. Jetez-y les oignons et les poivrons, puis laissez-les cuire 10 min en remuant. Ajoutez le concentré de tomates, le curry, l'ail, le sucre et 10 cl d'eau. Salez. Couvrez et laissez cuire 20 min à feu doux.

■ Rincez la saumonette, coupez-la en quatre. Ajoutez-la dans la sauteuse et couvrez, puis laissez cuire encore 20 min, en retournant le poisson à mi-cuisson.

■ Disposez le tout sur un plat, parsemez de persil haché et servez.

**CONSEILS**

La saumonette, aussi appelée « roussette » ou « chien de mer », est un poisson qui n'a que peu d'arêtes. Sa chair fade demande à être relevée.

**POUR 4 PERSONNES**
**TREMPAGE : 12 H**
**PRÉPARATION : 30 MIN**
**CUISSON : 45 MIN**
**DIFFICULTÉ : FACILE**
**COÛT : RAISONNABLE**

# Morue à la provençale

- *600 g de filets de morue salée*
- *3 poivrons rouges*
- *250 g d'oignons*
- *4 branches de céleri*
- *3 gousses d'ail écrasées*
- *1 branche de thym*
- *1 feuille de laurier*
- *350 g de concombre*
- *500 g de tomates*
- *2 cuil. à soupe de vinaigre*
- *1 cuil. à café de sucre*
- *1 cuil. à soupe d'huile d'olive*
- *Sel, poivre*

Mettez les filets de morue dans une bassine d'eau froide, laissez-les dessaler pendant 12 h en renouvelant l'eau deux ou trois fois. Lorsque la morue a suffisamment dessalé, égouttez-la.

Coupez la pulpe des poivrons en carrés. Épluchez les oignons et coupez-les en lamelles. Effilez le céleri, lavez-le, hachez les côtes et conservez les feuilles.

Faites chauffer l'huile dans une sauteuse à revêtement antiadhésif. Faites-y dorer les poivrons, les oignons et les côtes de céleri pendant 10 min, en remuant souvent.

Ajoutez l'ail, le thym, le laurier, les feuilles de céleri, le sucre et le vinaigre. Mélangez, couvrez et laissez cuire à feu très doux pendant 10 min.

Pelez le concombre, coupez-le en quatre puis en petits tronçons, mettez dans une passoire, salez et laissez dégorger. Ébouillantez les tomates, pelez-les,coupez-les en quatre et mettez-les dans une passoire. Coupez la morue en morceaux.

■ Après 15 min, rincez le concombre et mettez-le dans le robot ménager avec les tomates et faites fonctionner l'appareil. Ajoutez la purée ainsi obtenue au contenu de la sauteuse. Portez à nouveau à ébullition.

■ Enfouissez les morceaux de morue dans la sauteuse, couvrez et laissez frémir pendant 15 min.

■ Retirez le thym, le laurier et les feuilles de céleri. Rectifiez l'assaisonnement. Disposez alors le contenu de la sauteuse dans un plat et servez brûlant.

**POUR 4 PERSONNES**
**PRÉPARATION ET CUISSON : 35 MIN**
**DIFFICULTÉ : FACILE**
**COÛT : BON MARCHÉ**

# Mulet à la mousse de poireaux

- *1 mulet de 1,250 kg vidé, mais non écaillé*
- *500 g de blancs de poireaux*
- *6 branches d'estragon*
- *1 gros bouquet de cerfeuil*
- *2 cuil. à soupe de crème fraîche*
- *1 cuil. à café de moutarde*
- *Sel, poivre*

***Pour servir***

- *1 citron*

Introduisez 1 branche d'estragon dans l'abdomen du poisson. Mettez-le dans un plat allant au four, glissez-le à 12 cm de la rampe du gril et laissez-le cuire 15 min. Retournez et laissez cuire encore 15 min.

Épluchez les blancs de poireaux. Coupez-les en tronçons et lavez-les soigneusement. Mettez-les dans le compartiment perforé d'un cuit-vapeur, laissez-les cuire pendant 30 min.

Lavez l'estragon et le cerfeuil. Effeuillez l'estragon. Mettez les feuilles dans un robot ainsi que le cerfeuil et les poireaux. Ajoutez la crème, la moutarde et mixez. Salez et poivrez. Versez cette mousse dans une jatte.

Retirez la peau du poisson et faites-le glisser sur un plat. Coupez le citron en quartiers et entourez-en le mulet. Servez, avec la mousse de poireaux à part.

**CONSEIL**

Vous pouvez remplacer le mulet par du maigre, poisson bon marché à la chair maigre et à la saveur très proche de celle du mulet, ou par de la daurade grise.

POUR 4 PERSONNES
PRÉPARATION
ET CUISSON : 25 MIN
DIFFICULTÉ : FACILE
COÛT : CHER

# Bar aux girolles

- *1 bar de 1,3 kg en filets, avec la peau non écaillée*
- *400 g de girolles*
- *1 citron*
- *1 gousse d'ail*
- *2 branches de persil plat*
- *1 cuil. à café d'huile d'olive*
- *Sel, poivre*

■ Faites chauffer une poêle à fond épais à revêtement antiadhésif. Passez le poisson sous l'eau froide et épongez-le dans du papier absorbant. Coupez chaque filet en deux et salez le côté chair.

■ Posez le poisson dans la poêle chaude, la peau contre le fond du récipient. Laissez cuire 5 min à feu vif, puis 10 min à feu moyen.

■ Pendant ce temps, nettoyez les girolles, passez-les sous un jet d'eau froide et coupez-les en deux. Pelez l'ail et passez-le au presse-ail.

■ Mettez l'huile à chauffer dans une autre poêle à revêtement antiadhésif, versez les girolles et l'ail et faites-les cuire pendant 10 min environ.

■ Posez un couvercle bombé sur la poêle contenant le poisson et laissez cuire encore 5 min, jusqu'à ce que la chair soit opaque.

■ Lavez le persil, hachez-le avec des ciseaux et parsemez-en les girolles. Coupez le citron en quatre. Servez le poisson avec les girolles et le citron.

POUR 4 PERSONNES
PRÉPARATION
ET CUISSON : 15 MIN
DIFFICULTÉ : TRÈS FACILE
COÛT : RAISONNABLE

# Colin à l'estragon

- *4 tranches de colin de 150 g chacune*
- *5 branches d'estragon*
- *2 tomates bien mûres*
- *2 cuil. à soupe de vinaigre à l'estragon*
- *Sel, poivre*

Versez 1 cm d'eau dans le compartiment inférieur d'un cuit-vapeur. Couvrez et portez à ébullition.

Rincez les tranches de poisson, salez-les et poivrez-les des deux côtés.

Effeuillez 2 branches d'estragon dans le compartiment perforé du cuit-vapeur. Posez le poisson par-dessus et recouvrez-le de quelques feuilles d'estragon. Couvrez, réduisez le feu et laissez cuire de 4 à 5 min suivant l'épaisseur des tranches.

Pelez les tomates et coupez-les en morceaux. Hachez 20 feuilles d'estragon. Mettez-les dans le bol d'un mixeur avec les tomates, ajoutez le vinaigre, du sel, du poivre et mixez. Versez la sauce obtenue dans une casserole et faites-la tiédir à feu doux.

Ôtez la peau du poisson, disposez les tranches sur un plat, versez un peu de sauce dessus et décorez avec quelques feuilles d'estragon frais.

Mettez le reste de la sauce dans une saucière et portez à table sans attendre.

POUR 4 PERSONNES
PRÉPARATION : 15 MIN
CUISSON : 45 MIN
DIFFICULTÉ : FACILE
COÛT : RAISONNABLE

# Daurade au four aux poivrons

- *1 daurade de 1,2 kg, vidée et écaillée*
- *500 g de poivrons rouges*
- *300 g d'oignons*
- *1 cuil. à café de sucre*
- *2 cuil. à soupe d'huile de colza*
- *Sel, poivre*

Faites chauffer le four à 170 °C (th. 5-6). Rincez la daurade, puis salez et poivrez l'intérieur et l'extérieur.

Épluchez les oignons et coupez-les en rondelles fines.

Ôtez le pédoncule et les graines des poivrons, lavez les poivrons et coupez-les en lamelles. Mélangez les oignons et les poivrons, salez-les, poivrez-les et sucrez-les.

Salez et poivrez le fond d'un plat allant au four. Disposez le poisson dans ce plat, entourez-le des oignons et des poivrons et arrosez d'huile.

Mettez au four et faites cuire pendant 45 min. Servez la daurade dans le plat de cuisson.

**CONSEIL**

Cette recette, particulièrement « minceur », est recommandée aux personnes qui ont des problèmes de poids.

**POUR 4 PERSONNES**
**PRÉPARATION : 15 MIN**
**CUISSON : 30 MIN**
**DIFFICULTÉ : FACILE**
**COÛT : RAISONNABLE**

# Truites grillées et purée de fenouil

- *4 truites d'élevage de 250 g chacune, vidées*
- *2 gros bulbes de fenouil*
- *2 oignons*
- *1 cuil. à soupe de moutarde à l'ancienne*
- *1 citron*
- *1 cuil. à café d'huile*
- *Sel, poivre*

■ Versez 2 cm d'eau dans le compartiment inférieur d'un cuit-vapeur, couvrez et portez à ébullition. Ôtez les tiges et la base dure du fenouil. Coupez les bulbes en quatre, rincez-les. Rincez les feuilles et mettez-les de côté. Pelez les oignons et coupez-les en quatre.

■ Mettez les bulbes de fenouil et les oignons dans le compartiment perforé du cuit-vapeur, couvrez, réduisez le feu et laissez cuire 30 min.

■ Grattez l'intérieur des truites pour ôter les caillots de sang, rincez-les et glissez quelques feuilles vertes de fenouil à l'intérieur des poissons.

■ Posez les truites sur un gril huilé chaud et faites-les cuire 12 à 15 min à feu moyen, en les retournant à mi-cuisson. Passez le fenouil et les oignons au mixeur. Salez et poivrez, ajoutez la moutarde et mixez à nouveau. Versez la purée dans un légumier.

■ Coupez le citron en quatre et hachez le reste des feuilles du fenouil. Servez les truites avec les quartiers de citron et parsemées de feuilles de fenouil hachées. Accompagnez de purée de fenouil.

POUR 4 PERSONNES
PRÉPARATION : 15 MIN
MARINADE : 48 H
CUISSON : 20 MIN
DIFFICULTÉ : FACILE
COÛT : BON MARCHÉ

# Saumon poêlé à la fondue de légumes

- *2 pavés de saumon de 300 g chacun, avec la peau non écaillée*
- *4 blancs de poireaux*
- *300 g de carottes*
- *1 cuil. à soupe de sucre*
- *3 pincées de semoule d'ail*
- *1 cuil. à soupe de jus de citron*
- *1 cuil. à dessert d'huile d'olive*
- *1 cuil. à soupe de sel fin*
- *1/2 cuil. à café de poivre concassé*

■ Essuyez les morceaux de poisson avec du papier absorbant. Mélangez le sel, le sucre, l'ail et répartissez ce mélange sur la chair du saumon.

■ Posez les morceaux de poisson l'un sur l'autre, chair contre chair, et enveloppez-les dans du film alimentaire. Posez ce paquet dans un plat, surmontez d'un poids de 500 g et laissez mariner 48 h. Retournez le paquet chaque jour. Sortez le saumon de son emballage et grattez légèrement la chair.

■ Faites chauffer une poêle antiadhésive. Lorsqu'elle est bien chaude, posez le poisson, la peau contre le fond du récipient. Laissez griller 5 min à feu vif, puis laissez cuire encore 10 min à feu moyen.

■ Pendant ce temps, pelez les carottes et râpez-les grossièrement. Nettoyez les poireaux, coupez-les en tronçons de 6 cm et recoupez ceux-ci en huit parallèlement à la longueur, pour obtenir des lanières.

■ Faites fondre les carottes et les poireaux à feu doux dans une sauteuse à revêtement antiadhésif couverte, avec 3 cuil. à soupe d'eau.

■ Posez un couvercle sur la poêle et laissez cuire de 2 à 3 min, selon l'épaisseur du poisson, afin que le dessus de la chair devienne opaque.

■ Passez une spatule entre la peau et la chair du poisson – la chair doit se décoller facilement –, et répartissez le poisson dans les assiettes.

■ Entourez les morceaux de poisson avec les légumes et arrosez le tout de jus de citron et d'un filet d'huile d'olive.

**CONSEIL**

Même les poissons gras sont recommandés en raison des acides gras oméga 3 et oméga 6 qu'ils contiennent.

**POUR 4 PERSONNES**
**PRÉPARATION : 40 MIN**
**CUISSON : 1 H**
**DIFFICULTÉ : FACILE**
**COÛT : BON MARCHÉ**

# Casserole de calamars

- *800 g de calamars*
- *1 gros oignon*
- *2 gousses d'ail*
- *25 cl de vin blanc*
- *1 feuille de laurier*
- *750 g de pommes de terre à chair ferme*
- *1 poivron rouge*
- *1 poivron vert*
- *2 ou 3 pincées de piment d'Espelette*
- *3 cuil. à soupe d'huile d'olive*
- *Sel, poivre*

■ Nettoyez les calamars : coupez les tentacules au ras des yeux et jetez les têtes. Videz les calamars, ôtez l'os transparent, ouvrez les corps, rincez-les, puis coupez-les en carrés. Pelez et hachez l'oignon. Épluchez l'ail et passez-le au presse-ail.

■ Faites chauffer 2 cuil. à soupe d'huile dans une sauteuse. Faites-y fondre l'oignon, ajoutez les calamars, laissez-les revenir 5 min à feu vif, ajoutez le vin blanc, l'ail et le laurier. Couvrez et laissez frémir 40 min.

■ Pelez et lavez les pommes de terre. Coupez-les en petits dés. Rincez les poivrons, ôtez le pédoncule et les graines, puis coupez-les en lamelles.

■ Ajoutez les pommes de terre aux calamars après 40 min de cuisson. Mélangez. Ajoutez un peu d'eau chaude si cela est nécessaire. Salez, poivrez et pimentez. Laissez cuire encore 20 min.

■ Faites chauffer le reste de l'huile dans une poêle. Mettez les poivrons dans la poêle et faites-les sauter pendant 10 min. Ajoutez-les aux calamars, mélangez et servez chaud.

**POUR 4 PERSONNES**
**PRÉPARATION : 40 MIN**
**CUISSON : 30 MIN**
**DIFFICULTÉ : FACILE**
**COÛT : RAISONNABLE**

# Moules à la tomate et aux poivrons

- *2 litres de grosses moules*
- *3 tomates*
- *2 poivrons verts*
- *3 pincées d'origan*
- *1/2 cuil. à café de cannelle*
- *2 pincées de noix muscade*
- *Piment en poudre*
- *2 cuil. à soupe de persil plat haché*
- *100 g de feta*
- *2 cuil. à soupe d'huile d'olive*
- *Poivre*

Pelez les tomates, pressez-les pour enlever les pépins et le jus, hachez-les finement. Rincez les poivrons, ôtez-en le pédoncule, les graines et les filaments blancs. Hachez la pulpe en tout petits carrés.

Faites chauffer l'huile dans une sauteuse à revêtement antiadhésif. Ajoutez les poivrons et faites-les cuire doucement pendant 10 min. Ajoutez alors les tomates, l'origan, la cannelle, la noix muscade, 2 pincées de piment et du poivre. Mélangez, couvrez à demi et laissez cuire à feu doux pendant 15 min.

Pendant ce temps, lavez les moules à grande eau. Ouvrez la coquille avec un couteau pointu et sortez les mollusques des coquilles.

Ajoutez les moules crues et le persil dans la sauteuse et laissez cuire 3 min.

Émiettez la feta au-dessus de la sauteuse, mélangez, arrêtez la cuisson dès que le fromage est fondu. Servez chaud.

POUR 4 PERSONNES
PRÉPARATION : 15 MIN
CUISSON : 30 MIN
DIFFICULTÉ : TRÈS FACILE
COÛT : BON MARCHÉ

# Congre à l'aigre-douce

- *4 tranches de congre de 2 cm d'épaisseur*
- *2 échalotes*
- *2 gousses d'ail*
- *2 cuil. à soupe de concentré de tomates*
- *1 feuille de laurier*
- *1 tranche de pain d'épice*
- *2 cuil. à soupe de kirsch*
- *3 cuil. à soupe d'huile d'olive*
- *Sel, poivre*

■ Rincez le poisson, essuyez-le, salez-le et poivrez-le des deux côtés.

■ Pelez les échalotes et l'ail, hachez-les. Faites-les fondre dans une petite casserole avec 1 cuil. à soupe d'huile d'olive 5 min à feu doux. Ajoutez le concentré de tomates, 10 cl d'eau et le laurier. Couvrez et laissez frémir 10 min.

■ Émiettez le pain d'épice dans la sauce et mélangez.

■ Faites chauffer le reste de l'huile dans une poêle. Faites-y revenir le poisson 2 min de chaque côté. Versez le kirsch et flambez. Versez la sauce sur le poisson, ôtez le laurier, couvrez et laissez mijoter pendant 15 min. Servez chaud.

**CONSEIL**

Préférez les tranches coupées dans le haut du poisson, près de la tête, car elles ont moins d'arêtes.

**POUR 4 PERSONNES**
**PRÉPARATION : 5 MIN**
**MARINADE : 2 H**
**CUISSON : 10 MIN**
**DIFFICULTÉ : TRÈS FACILE**
**COÛT : CHER**

# Espadon grillé d'Alice

- *2 tranches d'espadon de 300 g chacune, d'environ 1,5 cm d'épaisseur*
- *1 citron*
- *2 branches de thym*
- *4 tomates*
- *4 cuil. à soupe d'huile d'olive*
- *Sel, poivre*

Pressez le citron. Versez le jus dans un plat, salez et poivrez, puis ajoutez 3 cuil. à soupe d'huile d'olive et le thym émietté. Mélangez.

Rincez les tranches de poisson, essuyez-les, retournez-les 2 ou 3 fois dans le mélange précédent.

Ébouillantez les tomates, ôtez le pédoncule, pelez-les, coupez-les en deux, épépinez-les et recoupez-les en tranches. Déposez-les sur le poisson, salez-les et poivrez-les. Laissez mariner 2 h au frais.

Au moment de la cuisson, allumez le gril du four. Posez une grille au-dessus de la lèchefrite, mettez dessus les tranches de poisson couvertes de tomates, à l'aide d'une spatule à fentes. Arrosez avec le reste de l'huile, glissez sous le gril, à 12 cm de la source de chaleur, et laissez cuire 10 min environ, jusqu'à ce que les tomates commencent à noircir. Servez aussitôt.

**VARIANTE**

L'espadon est un poisson un peu cher, mais sa chair est très serrée et il ne comporte pas ni déchets ni arêtes. Vous pouvez aussi préparer cette recette avec du thon.

POUR 4 PERSONNES
PRÉPARATION : 15 MIN
CUISSON : 10 MIN
DIFFICULTÉ : FACILE
COÛT : RAISONNABLE

# Filets de perche à l'amande

- *2 filets de perche du Nil de 350 g chacun environ*
- *3 tranches de pain de mie de 1 cm d'épaisseur sans croûte*
- *4 grosses gousses d'ail*
- *80 g de poudre d'amande*
- *2 cuil. à soupe d'huile de colza*
- *3 cuil. à soupe de vinaigre de vin blanc*
- *2 cuil. à soupe de jus de citron*
- *1 cuil. à soupe de farine*
- *5 cuil. à soupe d'huile d'olive*
- *Sel, poivre*

***Pour la garniture***

- *200 g de semoule de couscous complète*
- *1 cuil. à soupe d'huile d'olive*
- *Sel, poivre*

■ Rincez les filets de perche, épongez-les soigneusement et frottez-les de farine des deux côtés. Puis salez-les et poivrez-les également des deux côtés.

■ Émiettez la mie de pain dans le bol d'un robot et arrosez avec 10 cl d'eau. Pelez l'ail, passez-le au presse-ail au-dessus du pain. Ajoutez la poudre d'amandes. Mixez tout en versant 4 cuil. à soupe d'huile d'olive, l'huile de colza et le vinaigre. Salez et poivrez.

■ Préparez la garniture : mesurez le volume du couscous et préparez la même quantité d'eau bouillante. Faites chauffer l'huile dans une poêle, faites-y revenir la semoule 2 min en remuant, salez et poivrez, versez l'eau, couvrez, laissez cuire 3 min à feu doux, retirez du feu et laissez gonfler 5 min.

■ Chauffez 1 cuil. à soupe d'huile d'olive dans une poêle antiadhésive et faites cuire le poisson à feu moyen 3 min de chaque côté.

■ Aérez la semoule à la fourchette, mettez-la dans un plat, posez le poisson dessus et arrosez-le de jus de citron. Versez la sauce dans une saucière puis servez sans attendre.

**POUR 4 PERSONNES**
**PRÉPARATION : 5 MIN**
**CUISSON : 10 MIN**
**DIFFICULTÉ : FACILE**
**COÛT : RAISONNABLE**

# Dos de cabillaud à l'avocat

- *1 morceau de cabillaud d'environ 700 g, coupé au centre du poisson*
- *1 avocat de 200 g*
- *1 cuil. à soupe de câpres*
- *1 cuil. à soupe de ciboulette hachée*
- *2 cuil. à soupe de jus de citron*
- *Huile d'olive*
- *Sel*

Avec un couteau à filet de sole, incisez le poisson horizontalement le long de l'arête centrale pour décoller la chair de chaque côté. Retirez l'arête. Rincez le poisson et essuyez-le avec du papier absorbant. Salez-le côté chair.

Faites chauffer une poêle à fond épais, à revêtement antiadhésif. Déposez-y les 2 morceaux de poisson, côté peau contre le fond du récipient. Laissez cuire 5 min à feu vif, puis réduisez le feu, couvrez et laissez cuire encore 3 min.

Pendant ce temps, pelez l'avocat et coupez-le en morceaux. Mettez-le dans le bol d'un robot avec les câpres bien égouttées, la ciboulette, le jus de citron et du sel. Faites fonctionner l'appareil. Versez la purée obtenue dans une saucière.

Lorsque le poisson est cuit, glissez une spatule large entre la peau et la chair et déposez celle-ci sur un plat de service. Arrosez d'un filet d'huile d'olive et portez à table avec la purée d'avocat.

**CONSEIL**

Servez ce plat accompagné d'épinards et de pommes de terre cuites à la vapeur.

**POUR 4 PERSONNES**
**PRÉPARATION : 25 MIN**
**CUISSON : 15 MIN**
**DIFFICULTÉ : FACILE**
**COÛT : RAISONNABLE**

# Rascasse Beausoleil

- *4 filets de rascasse*
- *6 gousses d'ail*
- *4 tomates fermes*
- *1 cuil. à soupe de persil haché*
- *2 cuil. à soupe de raisins secs*
- *2 cuil. à soupe de vinaigre de vin*
- *1 oignon*
- *1 courgette longue*
- *10 feuilles de basilic*
- *2 cuil. à soupe de pignons de pin*
- *3 cuil. à soupe d'huile d'olive*
- *Sucre*
- *Sel, poivre*

■ Rincez les filets de poisson, essuyez-les, salez-les et poivrez-les des deux côtés.

■ Faites chauffer le four à 250 °C (th. 8). Pelez 3 gousses d'ail et hachez-les finement. Rincez les tomates, ôtez-en le pédoncule, coupez-les en deux, déposez-les sur un plat, côté peau au fond, salez-les, poivrez-les, parsemez-les d'ail et de persil, ajoutez 1 pincée de sucre sur chacune et arrosez-les d'un filet d'huile. Mettez au four et laissez cuire de 8 à 10 min.

■ Mettez les raisins dans une tasse et arrosez-les de vinaigre. Pelez l'oignon et hachez-le finement. Pelez le reste de l'ail et passez-le au presse-ail. Pelez la courgette et râpez-la. Rincez le basilic et hachez-le.

■ Faites chauffer 1 cuil. à soupe d'huile dans une poêle, faites-y blondir l'oignon et la courgette. Faites chauffer le reste de l'huile dans une poêle. Saisissez-y le poisson 2 min de chaque côté. Salez et poivrez la courgette. Ajoutez l'ail, les pignons, les raisins et le basilic. Mélangez et retirez du feu. Servez le poisson avec les demi-tomates et la courgette.

**POUR 4 PERSONNES**
**MARINADE : 48 H**
**CUISSON : 15 MIN**
**DIFFICULTÉ : FACILE**
**COÛT : RAISONNABLE**

# Saumon mariné sur lit de mesclun

- *1 pavé de saumon de 500 g avec la peau*
- *125 g de mesclun*
- *1 yaourt*
- *1 cuil. à soupe de mayonnaise légère*
- *1 cuil. à café de condiment Savora*
- *2 cuil. à soupe d'huile d'olive*
- *1 cuil. à soupe de vinaigre balsamique*
- *3 branches d'aneth frais*
- *Poivre mignonnette*
- *Sucre en poudre*
- *Sel, poivre*

■ Mélangez 1 cuil. à soupe de sucre, 1 cuil. à soupe de sel et 1 cuil. à café de poivre mignonnette. Essuyez le pavé de saumon. Posez-le sur du film alimentaire. Poudrez-le avec le mélange précédent. Enfermez-le dans le film, posez le paquet dans un plat et laissez 2 jours au réfrigérateur. Retournez le paquet 1 fois par jour.

■ Quelques instants avant le repas, déballez le poisson et coupez-le en bâtonnets, sans entailler la peau. Rincez le mesclun et essorez-le. Mélangez l'huile et le vinaigre. Assaisonnez-en le mesclun. Répartissez-le sur un plat. Déposez les bâtonnets de saumon dessus. À l'aide de ciseaux, coupez 1 branche d'aneth au-dessus du poisson.

■ Mélangez le yaourt avec la mayonnaise légère et la Savora. Coupez le reste de l'aneth avec les ciseaux et ajoutez-le au yaourt. Servez cette sauce en même temps que le poisson.

**CONSEIL**

Il faut laisser le poisson mariner pendant au moins 2 jours, mais vous pouvez le laisser encore 2 jours supplémentaires, le sel et le sucre faisant office de conservateurs.

**POUR 4 PERSONNES**
**PRÉPARATION : 15 MIN**
**RÉFRIGÉRATION : 30 MIN**
**CUISSON : 15 MIN**
**DIFFICULTÉ : FACILE**
**COÛT : RAISONNABLE**

# Rascasse au gros sel et petits légumes

- *600 g de filets de rascasse, sans peau*
- *2 carottes fines*
- *1/2 concombre*
- *1 poivron rouge*
- *1 oignon rouge*
- *4 cuil. à moka de tapenade noire*
- *2 cuil. à soupe d'huile d'olive*
- *1 citron*
- *Gros sel*

■ Poudrez de gros sel le fond d'un plat non métallique. Déposez les filets de poisson dessus et couvrez-les de gros sel. Couvrez le plat de film alimentaire et laissez reposer 30 min au réfrigérateur.

■ Pelez les carottes et le demi-concombre. Coupez le poivron en quatre, ôtez les graines, les filaments blancs et la peau. Épluchez l'oignon. Coupez les carottes et le poivron en bâtonnets. Retirez le cœur du concombre et taillez la pulpe en bâtonnets. Coupez l'oignon en lamelles et séparez les anneaux.

■ Faites chauffer 1 cuil. à soupe d'huile dans une poêle. Faites cuire l'oignon, le poivron et les carottes à feu moyen pendant 10 min. Ajoutez le concombre, salez, couvrez et laissez cuire 5 min à feu doux.

■ Faites chauffer le reste de l'huile dans une grande poêle. Rincez le poisson sous l'eau courante et épongez-le. Faites-le cuire 2 min de chaque côté.

■ Déposez les légumes dans un plat. Rangez les filets de rascasse dessus. Arrosez de citron. Déposez 1 cuil. à moka de tapenade sur chaque filet et servez.

POUR 4 PERSONNES
PRÉPARATION : 10 MIN
CUISSON : 15 MIN
RÉFRIGÉRATION : 2 H
DIFFICULTÉ : TRÈS FACILE
COÛT : BON MARCHÉ

# Compote aux trois délices

- *8 abricots*
- *2 nectarines*
- *2 pêches*
- *1 cuil. à soupe de miel*
- *1 cuil. à soupe d'alcool de prune*
- *1 pincée de vanille*

Lavez les abricots et les nectarines ; coupez-les en deux et ôtez-en les noyaux. Recoupez les nectarines en deux. Pelez les pêches, coupez-les en deux et dénoyautez-les également.

Mettez les fruits dans une casserole avec le miel, la vanille et l'alcool de prune. Couvrez. Faites cuire à feu doux pendant 15 min environ.

Répartissez la compote entre 4 coupes et laissez-les 2 h dans le réfrigérateur. Servez glacé.

**CONSEILS**

Si vous n'avez pas de vanille en poudre, grattez l'intérieur d'une gousse.
Prenez toujours de la vanille pure (très foncée) et non un mélange de vanille et de sucre.

**POUR 4 PERSONNES**
**PRÉPARATION ET CUISSON : 15 MIN**
**DIFFICULTÉ : TRÈS FACILE**
**COÛT : BON MARCHÉ**

# Pêches à la crème de framboises

- *4 pêches bien mûres*
- *300 g de framboises fraîches ou surgelées*
- *1/2 citron*
- *2 cuil. à dessert d'amandes effilées*

Pressez le demi-citron. Broyez les framboises au mixeur, ajoutez le jus de citron, puis versez la préparation obtenue dans 4 coupes à dessert.

Pelez les pêches, coupez-les en deux et retirez les noyaux. Reconstituez les pêches et déposez-en une au centre de chaque coupe.

Faites blondir les amandes effilées dans une poêle à revêtement antiadhésif en les retournant délicatement à l'aide d'une spatule en bois.

Placez les coupes dans le réfrigérateur, jusqu'au moment de servir. Parsemez-les alors d'amandes grillées et portez à table.

**CONSEIL**

Hors saison, vous pouvez utiliser des pêches au naturel ou sirop léger.

**POUR 4 PERSONNES**
**PRÉPARATION : 15 MIN**
**CUISSON : 3 MIN**
**RÉFRIGÉRATION : 2 H**
**DIFFICULTÉ : ASSEZ FACILE**
**COÛT : RAISONNABLE**

# Couscous aux fruits

- *1 orange*
- *2 citrons*
- *1 petit ananas Victoria*
- *1 poire*
- *1 pomme*
- *4 kiwis*
- *200 g de semoule à couscous fine*
- *2 cuil. à soupe de raisins secs*
- *20 cerneaux de noix*

Mesurez le volume du couscous et faites bouillir le même volume d'eau. Versez-y la semoule, hors du feu, et laissez gonfler 3 min. Pressez l'orange et 1 citron. Versez la semoule dans une jatte, arrosez-la avec le jus des agrumes et mélangez.

Épluchez l'ananas et coupez-le en dés, en recueillant le jus. Ajoutez-le à la semoule. Rincez les raisins secs et brisez les cerneaux de noix entre vos doigts.

Pressez le second citron. Pelez la poire et la pomme. Coupez-les en des et arrosez-les de citron. Pelez les kiwis et coupez-les en dés.

Aérez la semoule avec une fourchette. Ajoutez tous les fruits, frais et secs. Mélangez délicatement et laissez macérer 2 h au frais.

**VARIANTE**

Vous pouvez remplacer l'ananas frais par 4 tranches d'ananas en boîte au naturel ou au sirop léger.

POUR 4 PERSONNES
PRÉPARATION : 15 MIN
CUISSON : 15 MIN
DIFFICULTÉ : TRÈS FACILE
COÛT : BON MARCHÉ

# Compote vigneronne aux épices

- *200 g de raisin blanc*
- *1/2 citron*
- *2 pommes de 150 g*
- *2 poires de 200 g*
- *1 pincée de girofle en poudre*
- *1 pincée de noix muscade râpée*
- *1/4 de cuil. à café de cannelle en poudre*
- *1 cuil. à soupe de sucre*

■ Lavez et épongez le raisin, puis égrenez-le. Râpez le zeste du citron et pressez le fruit. Épluchez les pommes et les poires ; coupez-les en quatre ; retirez le cœur et les pépins, puis coupez la chair des fruits en petits cubes. Arrosez-les de jus de citron afin que leur chair ne s'oxyde pas.

■ Mettez tous les fruits dans une casserole à revêtement antiadhésif. Saupoudrez-les de girofle, de noix muscade et de cannelle ; ajoutez le sucre ainsi que le zeste du citron et mélangez le tout. Faites cuire à feu doux, sans couvrir, pendant 15 min. Si vous souhaitez que les morceaux de fruits ne fondent pas trop, vérifiez régulièrement la cuisson. Remuez délicatement à l'aide d'une spatule en bois deux ou trois fois durant la cuisson. Versez la compote dans un plat creux et laissez refroidir.

**CONSEIL**

Servez éventuellement avec du fromage blanc lisse à 20 % de matière grasse.

**POUR 4 PERSONNES**
**PRÉPARATION : 15 MIN**
**DIFFICULTÉ : TRÈS FACILE**
**COÛT : BON MARCHÉ**

# Coupes aux fruits rouges

- *400 g de fraises*
- *125 g de groseilles*
- *125 g de framboises*
- *2 œufs*
- *400 g de fromage blanc à 0 % de matière grasse*
- *1/4 de cuil. à café de vanille en poudre*
- *40 g de sucre*
- *1 cuil. à café de jus de citron*

Lavez les fraises ainsi que les groseilles et épongez-les. Équeutez les fraises, égrappez les groseilles. Coupez les grosses fraises en deux.

Cassez les œufs en séparant les blancs des jaunes. Versez le fromage blanc dans une terrine, incorporez les jaunes d'œufs et la vanille en poudre, puis battez au fouet à main.

Ajoutez le jus de citron aux blancs d'œufs, puis battez-les en neige ferme. Incorporez le sucre en pluie, tout en continuant de fouetter.

Ajoutez délicatement les blancs en neige au fromage blanc. Répartissez cette préparation entre 4 coupes à dessert. Parsemez de fraises, de groseilles et de framboises puis servez.

**CONSEIL**

Choisissez un fromage blanc très lisse d'aspect et onctueux au goût.

**POUR 4 PERSONNES**
**PRÉPARATION : 15 MIN**
**CUISSON : 35 MIN**
**RÉFRIGÉRATION : 2 H**
**DIFFICULTÉ : DIFFICILE**
**COÛT : RAISONNABLE**

# Ramequins à l'ananas

- *1 petit ananas de 750 g*
- *4 œufs*
- *2 sachets de sucre vanillé*
- *2 cuil. à soupe de fécule*
- *2 cuil. à soupe de kirsch*

■ Préchauffez le four à 200 °C (th. 6-7). Préparez un bain-marie. Épluchez l'ananas, retirez la partie centrale dure et fibreuse, passez la pulpe au robot ménager.

■ Cassez les œufs dans une jatte, ajoutez le sucre vanillé et battez-les à la fourchette. Délayez la fécule avec le kirsch. Ajoutez ce mélange aux œufs ainsi que la purée d'ananas.

■ Versez cette préparation dans 4 ramequins, placez ceux-ci dans le bain-marie préparé, glissez au four et laissez cuire pendant environ 35 min.

■ Lorsque les flans sont cuits et dorés, sortez-les du four, laissez-les refroidir et placez-les 2 h au moins dans le réfrigérateur jusqu'au moment de servir.

**CONSEIL**

Préparez votre bain-marie avec de l'eau chaude mais non bouillante et couvrez le fond du plat ou de la plaque avec un torchon plié ou du papier absorbant pour que les ramequins ne bougent pas.

**POUR 4 PERSONNES**
**PRÉPARATION ET CUISSON : 15 MIN**
**RÉFRIGÉRATION : 3 H**
**DIFFICULTÉ : FACILE**
**COÛT : BON MARCHÉ**

# Crème de fraises aux framboises

- *400 g de fraises*
- *200 g de framboises*
- *3 cuil. à soupe de liqueur de framboise*
- *1 1/2 cuil. à soupe de gélatine en poudre*
- *1 cuil. à café de jus de citron*
- *2 yaourts maigres*
- *3 cuil. à soupe de sucre en poudre*

■ Versez la liqueur de framboise dans une petite casserole, versez dessus la gélatine en pluie et laissez gonfler.

■ Lavez les fraises, égouttez-les et équeutez-les. Mettez-les dans le bol du robot ménager, ajoutez le jus de citron et mixez. Ajoutez les yaourts et le sucre.

■ Faites chauffer la casserole contenant la gélatine à feu très doux ou dans un bain-marie. Laissez fondre totalement, puis versez le contenu de la casserole dans le bol du robot et mixez une nouvelle fois.

■ Répartissez la préparation dans 4 coupes à dessert et laissez prendre 3 h dans le réfrigérateur.

■ Au moment de servir, répartissez les framboises sur les crèmes.

**CONSEIL**

Les personnes qui ont un problème de poids peuvent remplacer le sucre en poudre par la même quantité d'aspartam.

**POUR 4 PERSONNES**
**PRÉPARATION**
**ET CUISSON : 25 MIN**
**RÉFRIGÉRATION : 4 H**
**DIFFICULTÉ : FACILE**
**COÛT : BON MARCHÉ**

# Mousse aux poires

- *4 poires de 150 g chacune*
- *2 kiwis*
- *2 cuil. à soupe d'alcool de poire*
- *3 cuil. à café de gélatine en poudre*
- *1 yaourt maigre*
- *1 cuil. à café de jus de citron*
- *2 cuil. à café d'aspartam en poudre*
- *1 blanc d'œuf*

Mettez l'alcool de poire dans une louche, enflammez-le et laissez-le flamber. Versez-le dans une tasse et laissez refroidir. Ajoutez la gélatine en pluie.

Pelez les poires, coupez-les en quatre et ôtez-en le cœur et les pépins. Versez 2 cm d'eau dans le compartiment inférieur d'un cuit-vapeur, couvrez et portez à ébullition. Mettez les poires dans le compartiment perforé du cuit-vapeur, couvrez, réduisez le feu et faites cuire de 7 à 10 min. Elles doivent être juste cuites. Mettez les poires dans le bol d'un robot ménager.

Posez la tasse contenant la gélatine dans le cuit-vapeur, sans couvrir.

Ajoutez le jus de citron aux poires et mixez. Incorporez la gélatine ramollie et mixez encore. Ajoutez le yaourt et l'aspartam. Versez dans une jatte et laissez refroidir.

Fouettez le blanc d'œuf en neige ferme et incorporez-le délicatement à la crème de poires. Versez le tout dans une coupe et laissez prendre 4 h dans le réfrigérateur. Au moment de servir, pelez les kiwis, coupez-les en rondelles et posez-les autour de la mousse.

**POUR 8 PERSONNES**
**PRÉPARATION : 10 MIN**
**CUISSON : 10 MIN**
**RÉFRIGÉRATION : 4 H**
**DIFFICULTÉ : FACILE**
**COÛT : RAISONNABLE**

# Compote antillaise

- *500 g de pommes jonagold*
- *4 tranches d'ananas en boîte, sans sucre ajouté*
- *1 mangue de 500 g*
- *300 g de fraises*
- *3 cuil. à soupe de jus de citron vert*
- *2 cuil. à soupe de gélatine en poudre*
- *2 pincées de vanille pure en poudre*
- *3 cuil. à soupe de poudre d'aspartam*

Mettez le jus de citron et 2 cuil. à soupe du jus de l'ananas dans une tasse et versez-y la gélatine.

Épluchez les pommes, coupez-les en quartiers et faites-les cuire 10 min avec 2 cuil. à soupe d'eau jusqu'à ce qu'elles soient tendres. Ajoutez la gélatine et remuez jusqu'à ce qu'elle fonde.

Pelez la mangue et taillez la pulpe en morceaux. Coupez les tranches d'ananas en morceaux.

Mettez les pommes, la mangue et l'ananas dans le bol d'un robot, mixez, puis ajoutez la vanille et l'aspartam.

Versez la compote dans un moule décoré en forme de bûche ou d'ananas, lissez la surface et laissez 4 h au réfrigérateur.

Au moment de servir, lavez rapidement les fraises, épongez-les et équeutez-les. Trempez le moule de 8 à 10 s dans de l'eau chaude, retournez-le sur un plat de service et entourez la compote avec les fraises.

**POUR 4 PERSONNES**
**PRÉPARATION : 15 MIN**
**CUISSON : 10 MIN**
**RÉFRIGÉRATION : 4 H**
**DIFFICULTÉ : FACILE**
**COÛT : RAISONNABLE**

# Timbales d'ananas aux framboises

- *1 ananas de 1,2 kg*
- *200 g de framboises*
- *4 kiwis*
- *3 1/2 feuilles de gélatine*
- *1 cuil. à soupe de jus de citron vert*
- *5 cuil. à soupe de poudre d'aspartam*
- *1 blanc d'œuf*
- *1 pincée de sel*

Pelez l'ananas, retirez le centre dur, passez la pulpe au mixeur et versez-la dans une casserole. Faites bouillir 10 min en remuant 1 ou 2 fois.

Faites tremper la gélatine 5 min dans un bol d'eau froide, puis égouttez-la. Ajoutez-la à l'ananas chaud et mélangez jusqu'à ce qu'elle soit fondue. Incorporez le jus de citron vert et 4 cuil. à soupe d'aspartam. Laissez refroidir.

Ajoutez la pincée de sel au blanc d'œuf, battez-le en neige ferme, ajoutez le reste de l'aspartam et continuez à battre quelques secondes. Incorporez délicatement cette neige à la purée d'ananas.

Versez la préparation dans 4 ramequins non métalliques et enfoncez la moitié des framboises délicatement dedans. Laissez 4 h au réfrigérateur.

Au moment de servir, pelez les kiwis et coupez-les en rondelles. Trempez les ramequins 10 s dans de l'eau chaude et démoulez. Entourez chaque timbale avec les rondelles de kiwi, en les faisant se chevaucher, et garnissez avec le reste des framboises.

**POUR 4 PERSONNES**
**PRÉPARATION ET CUISSON : 25 MIN**
**RÉFRIGÉRATION : 1 H**
**DIFFICULTÉ : FACILE**
**COÛT : BON MARCHÉ**

# Petits flans aux quetsches

- *500 g de quetsches dénoyautées, surgelées ou fraîches*
- *4 cuil. à soupe d'aspartam en poudre*
- *50 g de semoule de blé dur, fine*
- *1 branche de menthe*

■ Mettez les quetsches dans une casserole avec 20 cl d'eau, couvrez, laissez cuire 10 min, puis mixez.

■ Filtrez la purée obtenue et reversez-la dans la casserole, ajoutez l'aspartam et mélangez.

■ Faites chauffer à feu doux. Dès l'ébullition, versez la semoule en pluie, mélangez et faites cuire 5 min en remuant constamment pour éviter la formation de grumeaux.

■ Répartissez la préparation dans 4 ramequins. Lissez la surface, laissez refroidir et gardez au moins 1 h au réfrigérateur.

■ Démoulez les flans sur un plat, décorez de feuilles de menthe et servez.

**CONSEIL**

Cette recette est recommandée aux personnes qui ont un excès de poids. Pour les autres, vous pouvez remplacer l'aspartam par la même quantité de sucre en poudre.

**POUR 4 PERSONNES**
**PRÉPARATION : 10 MIN**
**CUISSON : 40 MIN**
**DIFFICULTÉ : TRÈS FACILE**
**COÛT : RAISONNABLE**

# Compote de fruits au vin rouge

- *2 grosses pêches jaunes*
- *2 pommes*
- *1 grosse poire*
- *Le jus de 1 citron*
- *8 pruneaux*
- *25 cl de bordeaux rouge*
- *2 pincées de vanille pure en poudre*
- *6 cm de cannelle en bâton*
- *1 grosse cuil. à soupe de miel*

Pelez les pêches, les pommes et la poire, puis coupez-les en grosses lamelles. Arrosez-les immédiatement de jus de citron.

Mettez tous les fruits dans une casserole, ajoutez le vin, la vanille, la cannelle et le miel. Couvrez et laissez cuire doucement pendant 30 min.

Ôtez les fruits avec une écumoire et mettez-les dans une jatte. Retirez la cannelle.

Faites réduire le liquide de cuisson des fruits jusqu'à 25 cl. Versez sur les fruits, laissez refroidir, puis mettez au réfrigérateur. Servez bien frais.

**VARIANTE**

Pour les fruits de l'été, faites-les simplement macérer dans le vin : portez 50 cl de bordeaux rouge à ébullition avec 2 pincées de vanille, 1 bâton de cannelle, un ruban de zeste d'orange et 2 cuil. à soupe de miel. Faites réduire de moitié, puis laissez refroidir. Pelez 4 pêches, 4 nectarines et 8 abricots. Coupez-les en dés. Mettez ces fruits dans une jatte, versez dessus le vin en le filtrant dans une passoire et laissez macérer 1 h au réfrigérateur.

**POUR 4 PERSONNES**
**PRÉPARATION : 15 MIN**
**DIFFICULTÉ : FACILE**
**COÛT : RAISONNABLE**

# Fruits frais en neige

- *2 kiwis*
- *2 pêches*
- *4 abricots*
- *1 barquette de framboises*
- *4 grappes de groseilles*
- *1 cuil. à soupe de jus de citron*
- *2 blancs d'œufs*
- *2 cuil. à soupe de sucre glace*
- *400 g de fromage blanc à 0 % de matière grasse*
- *Sel*

Pelez les kiwis, les pêches et les abricots. Coupez-les en dés et arrosez-les de jus de citron. Rincez les groseilles et séchez-les sur du papier absorbant.

Ajoutez 1 pincée de sel aux blancs d'œufs et battez-les en neige ferme. Incorporez-y le sucre tout en continuant à fouetter. Mélangez délicatement cette neige avec le fromage blanc. Répartissez le fromage blanc dans 4 assiettes à dessert.

Ajoutez les framboises aux dés de fruits et mélangez délicatement. Déposez les fruits au centre du fromage, décorez avec une grappe de groseilles et servez.

**CONSEILS**

Vous pouvez varier ces fruits à volonté selon la saison ou les ressources de votre jardin : cerises, nectarines, cassis, mûres, etc. Arrosez les pommes et les poires coupées en petits dés de jus de citron pour les empêcher de noircir. En plein hiver, utilisez des fruits rouges surgelés, mélangés avec des dés d'ananas, des kiwis, des litchis frais ou de la macédoine de fruits au sirop léger ou au naturel.

**POUR 4 PERSONNES**
**PRÉPARATION : 10 MIN**
**CUISSON : 10 MIN**
**DIFFICULTÉ : FACILE**
**COÛT : RAISONNABLE**

# Fruits meringués

- *2 poires*
- *200 g de fraises*
- *1 barquette de framboises (125 g)*
- *1 cuil. à soupe de jus de citron*
- *2 cuil. à soupe de sucre*
- *20 g de pistaches nature, mondées*
- *2 blancs d'œufs*
- *1 pincée de sel*

Épluchez les poires, coupez-les en deux, retirez le cœur et les pépins, arrosez-les de jus de citron.

Faites bouillir 30 cl d'eau avec 1 cuil. à soupe de sucre, plongez-y les demi-poires et laissez-les cuire 5 min. Laissez-les tiédir dans leur jus de cuisson.

Lavez les fraises, égouttez-les, équeutez-les et coupez-les en lamelles. Concassez les pistaches.

Égouttez les poires et coupez-les en lamelles. Reconstituez chaque demi-poire à plat, dans un plat à tarte, en faisant se chevaucher les lamelles et en laissant un vide entre les demi-poires. Recouvrez-les avec les lamelles de fraises et parsemez de pistaches.

Ajoutez le sel aux blancs d'œufs, battez-les en neige ferme, en y incorporant le reste du sucre. Déposez le quart de cette meringue sur chaque poire, en masquant les fruits et striez-la avec une fourchette.

Passez le plat 2 à 3 min sous le gril du four pour faire dorer la meringue. Répartissez les framboises dans les vides et portez à table.

**POUR 4 PERSONNES**
**PRÉPARATION : 10 MIN**
**RÉFRIGÉRATION : 2 H**
**DIFFICULTÉ : FACILE**
**COÛT : UN PEU CHER**

# Salade de fruits

- *1 mangue*
- *2 kiwis*
- *200 g de fraises*
- *1 pomme*
- *2 fruits de la Passion*
- *1 orange*

■ Coupez la mangue de chaque côté du noyau, quadrillez la chair en allant jusqu'à la peau et détachez les petits cubes. Pelez les kiwis et coupez-les en dés. Lavez les fraises rapidement, épongez-les, équeutez-les et coupez-les en deux ou en quatre selon leur grosseur. Pelez la pomme, épépinez-la, coupez-la en lamelles, puis en dés.

■ Mettez les fruits préparés dans une coupe. Ouvrez les fruits de la Passion en deux et faites tomber la chair et les pépins sur les fruits. Pressez l'orange et arrosez les fruits avec le jus obtenu.

■ Mélangez délicatement et laissez reposer au réfrigérateur pendant environ 2 h.

**CONSEILS**

Si les fruits sont mûrs à point, il n'est pas nécessaire d'ajouter du sucre à cette salade de fruits.

**POUR 4 PERSONNES**
**PRÉPARATION : 10 MIN**
**RÉFRIGÉRATION : 2 H**
**DIFFICULTÉ : ASSEZ FACILE**
**COÛT : RAISONNABLE**

# Mousse de mangue

- *1 mangue mûre à point*
- *200 g de petites fraises*
- *1 cuil. à café de jus de citron vert*
- *2 cuil. à soupe de crème épaisse à 3 %*
- *1 blanc d'œuf*
- *1 cuil. à café de sucre*
- *1/2 feuille de gélatine (1 g)*

Mettez la gélatine à tremper dans un bol d'eau froide. Pelez la mangue. Prélevez la chair et mixez-la avec le jus de citron vert.

Mettez la crème dans une petite casserole, égouttez la gélatine entre vos doigts, ajoutez-la et faites tiédir à feu doux jusqu'à ce qu'elle soit fondue. Incorporez à la purée de mangue.

Ajoutez 1 pincée de sel au blanc d'œuf et battez-le en neige. Lorsque celle-ci est presque ferme, incorporez le sucre en continuant à fouetter. Ajoutez délicatement le blanc en neige à la purée de mangue.

Lavez les fraises, épongez-les et équeutez-les. Coupez-les en deux. Déposez la moitié de la mousse de mangue dans des coupes ou des verres, parsemez de fraises, recouvrez de mousse et terminez par des fraises. Laissez 2 h au réfrigérateur.

**CONSEILS**

La gélatine, utilisée en petite quantité, est juste destinée à donner un peu de corps à la mousse, sans la durcir.

POUR 4 PERSONNES
PRÉPARATION : 10 MIN
CUISSON : 5 MIN
DIFFICULTÉ : ASSEZ FACILE
COÛT : RAISONNABLE

# Corolles glacées aux fruits

- *1 ananas Victoria*
- *125 g de framboises*
- *100 g de fraises des bois*
- *1 citron vert*
- *½ l de sorbet mangue-passion*
- *4 feuilles de brick*
- *20 g de beurre*

Faites préchauffer le four à 180 °C (th. 6). Faites fondre le beurre. Beurrez 4 petits moules à soufflé ou ramequins d'environ 10 cm de diamètre. Badigeonnez de beurre 1 face des feuilles de brick. Moulez chaque feuille de brik dans un ramequin, face non beurrée contre le récipient, en laissant largement déborder la feuille. Mettez au four et laissez dorer pendant 5 min. Laissez refroidir à température ambiante.

Épluchez l'ananas. Coupez la pulpe en lamelles, retaillez-les en bâtonnets, puis en petits dés. Lavez le citron vert et essuyez-le.

Au moment de servir, posez chaque corolle de brick sur une assiette. Formez 4 belles quenelles de sorbet et déposez-en une dans chaque corolle. Parsemez de petits dés d'ananas, de framboises et de fraises des bois. Râpez un peu de zeste de citron vert sur les fruits.

**CONSEILS**

N'hésitez pas à recouper les feuilles de brick avec des ciseaux si elles dépassent trop du ramequin.

POUR 4 PERSONNES
PRÉPARATION : 10 MIN
CUISSON : 15 MIN
DIFFICULTÉ : ASSEZ FACILE
COÛT : RAISONNABLE

# Rosace croustillante aux poires

- *500 g de poires*
- *1 cuil. à soupe de petites boules de coriandre au chocolat au lait*
- *2 feuilles de brick*
- *2 cuil. à soupe de cassonade*
- *10 g de beurre*

Faites préchauffer le four à 200 °C (th. 6-7). Faites fondre le beurre. Beurrez les deux côtés des feuilles de brick à l'aide d'un pinceau. Superposez-les sur une plaque. Laissez-les blondir au four 5 min.

Pelez les poires, coupez-les en quartiers, retirez le cœur et les pépins, puis recoupez chaque quartier en lamelles d'environ 2 mm.

Tracez sur une plaque antiadhésive un cercle à la dimension des feuilles de brick. Beurrez l'intérieur du cercle. Poudrez-le avec la cassonade. Déposez les lamelles dessus en forme de rosace, en les faisant légèrement chevaucher.

Enfournez les poires 10 min. Laissez refroidir. Au moment de servir, posez les feuilles de brick sur un plat, retournez sur les poires, puis retournez le tout pour que les poires se retrouvent au-dessus. Parsemez de boules de coriandre au chocolat.

**CONSEILS**

Les poires risquent de rendre du jus. Mieux vaut utiliser une plaque munie de rebords. Au moment du démoulage, épongez le jus avec du papier absorbant ou retirez-le avec une cuillère.
Vous trouverez les boules de coriandre chez les bons chocolatiers.

# Table des recettes

bon app'

# Vous vous êtes régalé ?

## Découvrez vite le reste de la collection !

+ de 100 recettes
90 photos
des conseils et des variantes

**4,95 €**
**Seulement**

*bon app' à tous !*

Crédits photographiques :
© Anthony Lanneretonne : 9, 11, 13, 37, 39, 41, 67, 69, 71, 73, 75, 77, 107, 109, 111, 113, 115, 117, 141, 143, 145, 147, 149, 151, 153, 177, 179, 181.
© Valéry Guédès : 2, 27, 29, 31, 33, 35, 45, 47, 49, 51, 53, 55, 79, 81, 83, 85, 87, 89, 91, 93, 119, 121, 123, 125, 127, 129, 157, 161, 163, 165, 186.
© Natacha Nikouline : 5, 7, 17, 19, 21, 23, 25, 57, 59, 61, 63, 65, 95, 97, 99, 101, 103, 131, 133, 135, 137, 139, 167, 169, 171, 173, 175.

Cet ouvrage reprend les titres *Recettes anti-cholestérol, Cuisine minceur, Régime crétois,* parus dans la collection PPH Cuisine aux Éditions Hachette Pratique.

Pour l'éditeur, le principe est d'utiliser des papiers composés de fibres naturelles, renouvelables, recyclables et fabriquées à partir de bois issus de forêts qui adoptent un système d'aménagement durable. En outre, l'éditeur attend de ses fournisseurs de papier qu'ils s'inscrivent dans une démarche de certification environnementale reconnue.



Direction : Jean-François Moruzzi
Direction éditoriale : Pierre-Jean Furet
Responsable éditoriale : Anne Vallet
Collaboration rédactionnelle : Elisa Vergne
Conception de la maquette intérieure et de la couverture : Marie Carette
Réalisation de la couverture : Marie Carette
Réalisation : Les Paoistes
Correction : Nelly Megret
Fabrication : Amélie Latsch
Responsable partenariats : Sophie Morier au 01 43 92 36 82


Dépôt légal : mars 2010
23-05-8118-01-4
ISBN : 978-2-0123-8118-6

Imprimé en Italie par Stige